魔鬼金融学

聪明人绝不会犯的*14*个投资谬误

陈泉州◎著

江西美术出版社
JIANGXI FINE ARTS PUBLISHING HOUSE

图书在版编目（CIP）数据

魔鬼金融学 / 陈泉州著 . -- 南昌：江西美术出版
社 , 2017.7
ISBN 978-7-5480-4339-3

Ⅰ . ①魔… Ⅱ . ①陈… Ⅲ . ①金融学 – 通俗读物
Ⅳ . ① F830-49

中国版本图书馆 CIP 数据核字 (2017) 第 033403 号

出 品 人：汤 华
企 划：江西美术出版社北京分社（北京江美长风文化传播有限公司）
策 划：北京兴盛乐书刊发行有限责任公司
责任编辑：王国栋 陈 东 陈漫兮 楚天顺
版式设计：阎万霞
责任印制：谭 勋

魔鬼金融学

作 者：陈泉州

出 版：江西美术出版社
社 址：南昌市子安路 66 号江美大厦
网 址：http：//www.jxfinearts.com
电子信箱：jxms@jxfinearts.com
电 话：010–82293750 0791–86566124
邮 编：330025
经 销：全国新华书店
印 刷：保定市西城胶印有限公司
版 次：2017 年 7 月第 1 版
印 次：2017 年 7 月第 1 次印刷
开 本：880mm×1280mm 1/32
印 张：7
Ｉ Ｓ Ｂ Ｎ：978-7-5480-4339-3
定 价：26.80 元

陈泉州

投资人、通兑商业学院院长、原通兑集团执行总裁、原上海创锦执行总裁、六家上市公司战略顾问、第三方支付领域翘楚，擅长商业模式创新。

陈泉州被业界誉为"财神"，18岁参加中国人民解放军。服役期间，用14年时间系统学习研究了资本拆分法、企业融资、凯恩斯经济学、诺贝尔资产配置模型、中小企业上市融资方案，结合自创的"商品资产证券化"和"企业自商业金融系统"，系统提炼成"总裁商战突围"理论体系，帮助大家理解互联网时代的金融与资本模式，开启金融思维、使用资产配置模型、掌握上市融资，让创业者从0到1打造企业核心价值，建立企业核心生存法则。

陈泉州合作团队

苏之星

王彦方

薛涵容

经济学家通常认为，一旦涉及到金钱，人就会变得很理智。

经济理论也曾指出，投资者会做出最优决策以使利益最大化。

这些说法真的正确吗？

做投资，付出的是真金白银、心血积蓄，投资者当然会想方设法谋取最多的收益。但是，行为金融学家和心理学家的看法却有所不同：投资者的很多决策并不是受理性支配的——非理性的冲动、充斥着各种谬误的"直觉"一直在扰乱着我们的投资行为，这也是为什么我们的投资和我们想要的投资效果通常相差万里。

不管我们愿不愿意承认，事实的真相就是这么残酷。

做投资时，我们一般会经历形而下和形而上两个过程。在前一个过程中，怀疑自己的准备：投资知识、本金大小、炒股软件；而在后一个过程中，我们则开始怀疑人生：投资的意义、自己的投资天分、眼光和头脑……随着在投资场中摸爬滚打的时间加长，随着各种投资习惯不断强化，一些平时习以为常的被忽略的投资谬误都渐渐显现出来，不幸的是，那个时候我们已经察觉不到了——因为完全"被"套路而察觉不到套路的存在：

很多投资者习惯预测大盘指数，喜欢听股评、听专家预测个股走势，这种粗放式炒股法，成功率恐怕不会太高。因为投资本质上是一种概率游戏，不存在 100% 确定的事，这样的预测精确度会怎样可想而知。

投资中，很多人乐于构建鄙视链，并且把自己放在鄙视链的顶端。但事实上，这样做的你已经犯了过度自信谬误，它将导致你乐于搜寻小道消息、频繁交易、投资单一，这些投资行为将降低你的投资胜率。

买进的股票赚钱了，很多人选择赶快卖掉，回头股票又上涨了 20%，于是只好安慰自己"有赚就好"；股票亏损了，很多人紧抱不放，相信只要一个反弹就可以"全身而退"，于是小亏损变成了大亏损，最后含泪割肉离场。这种做法不够聪明是吧，但是我们要告诉你持亏卖赢是人类天性，真的，你也是这么做的。

……

投资其实是一件"反人性"的事，因为我们必须战胜存在于天性中的种种谬误，跳出常规的思路，跳出存在于大脑中的思维骗局，对投资做不依赖于直觉的理性思考。我们希望这本书能成为一本投资反套路手册，戒除那些每个人都可能犯的投资谬误，以新的视角重构投资理念，做一个真正的理性投资者。

从现在开始，当你了解了这些谬误，并调整自己的投资方式，你就会跻身 10% 的投资赢家行列；这诸多的谬误，就将留给那些不知道它的人去重蹈覆辙。

魔鬼金融学

目 录
Contents

魔鬼金融学

目
录

魔鬼金融学

CHAPTER 1

预测谬误

天才在左，神棍在右

【预测谬误】以过去推测未来，是一种以事实解释事实的谬误。

预测似乎是人类的一种深切的心理需求，一种潜在的天性：我们想要掌握未来，我们讨厌对未来一无所知的感觉。但是现实世界总是充满了不确定性，预测性谬误反而会干扰我们的判断。

1. 被粉碎的预言

2010年5月，全球知名投资战略大师麦嘉华在接受彭博社采访时，预测中国经济将在9~12个月内崩溃，而在那一年中国的经济实现了高度增长。

Google数据显示，"双底衰退"一词在2010、2011年共被提到1080万次。但这从来没有发生；而2006、2007年基本上没有人提到"金融崩溃"，但它真的来了。

希腊总理帕潘德里欧面对国家破产危机依然沉着冷静地预测，希腊能够自救，不需要外部资金支持，但仅过一周他就向欧盟请求帮助。

在俄罗斯外交部下属外交学院供职的伊戈尔·帕纳林预言，由于金融危机、移民者问题，美国将在2010年7月左右分裂成6个小国。但直到如今，美国依然是世界超级大国。

……

巴西蝴蝶扇动的翅膀就可能引发得克萨斯州的飓风，人类身处在一个非线性的物理体系中，初始条件的细微改变就可能对未来演化产生不可预言性的巨大影响，这样的我们，又如何精确预测未来！

预测似乎是人类的一种深切的心理需求，一种潜在的天性：我们想要掌握未来，我们讨厌对未来一无所知的感觉。但是现实世界总是充满了不确定性，预测性谬误反而会干扰我们的判断。

2. 上帝是否掷骰子

1900年12月14日，"量子"这个词诞生，从此世界不再是连续的，这彻底颠覆了牛顿等人建立的传统物理观，也将人类认知的方式从已知、确定的宏观世界转向了不确定、不可测的微观世界。而当人们通过历史数据分析，以归纳性思维去预测未来时，就不得不提起上帝的骰子。

"上帝掷骰子"是由量子力学的数学公式推导出来的一个结论：宇宙的变化从一个确定的方程变成了一个概率分布，上帝只能知道概率而无法知道确切的结论，他必须时刻"掷骰子"来决定下一秒种我们的宇宙的样子。简单地说就是在微观世界中，物质是以"概率"而不是"确定"存在的。如果不理解这一点，那么从事任何具有较高不确定性的投机，都会遇到很多麻烦。比如，我们根据A股市场的历史平均市盈率预测点位；根据日本的房地产市场走势预测中国；根据企业历史财务数据预测企业未来……任何以归纳性思维去预测未来的都注定存在谬误。

事实上，历史进程的不确定性是整个宇宙普遍存在的现象，即使是自然科学发现的所谓规律，如果放大到无限的时空范围内，都有可能失效，因此自然科学对世界的预测和判断也仍然是不准确的，海森堡学派提出的"测不准原理"就是一个最好的明证。所以我们永远也摆脱不了不确定性这一条铁律，虽然我们的知识在不断地增长，但是人类的认识能力限制必然制约认知的内容，对于庞大、复杂、浩瀚的自然界而言，这种知识的增长根本微不足道。

最后，回到"上帝掷骰子"这个问题。在大数据时代，人类的一些随机行为突然变得可以"预测"了，这就像掷骰子一样，虽然每次掷的点数无法预测，但整体是有规律可循的：大约每掷5到7次就会出现一次6，而掷100次都不出现6的可能性几乎为零。某些可以确定的因素导致了"上帝看上去在掷骰子"，但事实上这也不过是概率而已。预测的谬误总是无法避免的，我们不过都是薛定谔的猫，没打开盒子之前，既生且死。

3. 避开精确预测的谬误

在这个世界上，每天都有人在做精确的预测：有人预测明天的涨停股、有人预测下周大盘的涨跌、有人预测2020年的房价、有人预测某个企业的未来一年的业绩……在这里，我们将这些人统称为预测派，当然，现实中的你我也可能是预测派的一员。

所谓预测，就是一个人把其对事物的理解、对人的理解放在时间轴上推演，而其对事物、群体以及自身的掌控，就成了影响未来的行动力；而所谓精确预测，就是在世界的变化中寻找不变性，然后将现有的参数代入，进行时间轴模拟。"精确预测"范围通常很广：预测天气、预测某个事件发生的时间、预测商品价格涨跌等，皆为精确预测。而事实证明，这类预测的精确度通常很低。

那为什么人们还是试图对未来做精准预言呢？这可能是源自人类心灵深处对于掌控未来的深切渴望，来自于人们对自我认知的自大。

而为了避免出现预测性谬误，最好的办法是尽可能不要去预测。如果必须去做预测的话，有效的方法，就是将不确定性控制在一个相对确定性的范围内。投资大师巴菲特就是这样"预测市场"的，他认为某种生物、或个体智慧的程度，恰恰正比于其预测的精度和时间跨度。而金融市场的预测、在其变成科学之前最好集中精力于拉开时间跨度——做长期的预测，忽略短期的波动。

投资大师葛兰维尔在20世纪80年代早期能以个人的力量左右市场。1981年1月6日傍晚6时30分，他向他的全球3000位投资客户传话，"出清所有股票——统统卖掉"。次日早晨，证券公司里卖单泛滥，道·琼斯工业平均指数下挫24点，约等于400亿美元的账面损失。在这之前一年的4月，葛兰维尔的买进指示使道·琼斯工业指数上扬了30点。1981年9月，他的卖出指示则几乎引起全球金融恐慌。由此可以看出此时有多么志得意满！大众对葛兰维尔的爱戴一如摇滚明星，他的巡回讲座总是超额订位。

但是葛兰维尔很快就露出败象，他曾经警告客户股市将有灾难，当道指走到800点时，他告诉客户，股市正在崩盘中，投资人不仅该卖出手中持股，还要卖空，以便在金融末日来临前获利了结。结果股市反而站上1200点。1984年他再度警告数量日益变少的客户，"多头市场只是一个泡沫现

魔鬼金融学

象"，崩盘将至。他的信徒因此痛失80年代的大多头市场，他身为股市先知呼风唤雨的地位也从此一去不复返。

投资者投资股市，预测可以成为其参考，但在实际操盘时，一定要以投资原则为主导。而价值投资者的投资原则主要取决于股票估值、上市公司未来的成长性以及经营风险。在实际操作中，则应该遵循"买入时要意识到可能被套，卖出时要留点钱给别人赚"的原则，所以，股价和市场走向等相关预测，都只能作为操盘时的参考。

索罗斯在提到自己的反射理论时曾提出人的可错性。所谓的可错性就是指人们习惯使用的某种思路或判断标准经常出现错误。比如，当我们进行很有逻辑的预测，并推出结果后，当我们把这个结果应用到实际操盘行动中，最后，我们常常会发现市场的实际发展趋势和我们的预测相距甚远。据此，索罗斯认为人们在市场中预测中是易错的，而每个个体的错误累加到一起就造成了市场的错误。正因为索罗斯认识到了这一点，所以，他自己从来没有在投资经历中预测市场发展，而总是静静地等待，直到自己认为的投资大好时机来了才悄悄行动。他说不用预测，在市场机会临近时，主动出击引导市场。

其实，股市预测也许不过是构成了我们诸多参考资料中的一种，消化这些信息对于投资者来说更为重要，也更为困难。在利用外界的信息来修正自己判断的时候，需要小心其中的一些误区。

第一，别让偏见左右我们的大脑

我们的大脑常常会习惯性地把那些我们不赞同的观点过滤掉，只留下和自己观点吻合的。但是，对于投资这件事情来说，一味寻找印证自己看法的观点却没多大意义，自己的观点错了，再印证也没有用。

第二，对于预测一致的保持警惕

因为大量实践经验证明，当投资者都集体投资的时候，常常是危机快要到来的时候。

第三，平静对待预测失误

未来是难以预测的，存在大量不确定性。在预测这个领域，错误总是难免，我们能做的就是端正对它的态度。

4. 股市唯预测派是怎么死的

华尔街有一句话："明天股价涨或者跌，世界上只有两个人知道，一个是上帝，另一个是骗子。"而在现实中，很多股评家常做的一件事，是对股市的涨跌进行预测。尽管经常被市场打脸，但是他们也有自己的应对策略：预测准的时候自吹自擂，预测错的时候闭口不言。但是股评家预测错误，损失的不过是一点声誉，而股民预测错误，损失的就是真金白银了。

在股票投资中，我们也许可以确切地预测股价持续波动，但我们无法确切知道下一年价格是向上还是向下波动。因此，你无须正确猜测到短期市场的未来走势，关键的问题是你要买对公司的股票。

在当今中国股市里，特别是大牛市道里，成千上万的人蜂拥而入，却鲜有人跑赢大盘，分享到股指大涨带来的丰硕果实。原因何在？

这是因为人类天生具有预知未来的渴望，它阻碍了投资者的理性决策，他们时时刻刻都在想着如何在股市中获利，每天花大量的时间去寻找明日的牛股，预测市场状况。他们中更多的是在电脑上绘制股价走势图，试图预测明天股价走势可能的突破点。

而且，在投资市场上，好多人都相信证券分析师的预测，把这些预测作为自己投资决策的重要依据。

但是很多证券分析师都是附属于证券公司，证券分司的生存取决于股票的交易量。因此，为了增加营业额，他们就会人为地制造一些股票价格的波动。事实上预测上市公司的未来和股市的走向，就跟预测天气一样是无法做到精准的。如果我们预测的仅是一家上市公司的下一季度状况，那只要消除季节性因素，则下一季度的销售额和利润很可能和本季差不多。

然而，如果将预测扩展到这家上市公司的股价走势，除了季节性因素外，还有许多其他影响股价走势的因素，因为股市系统是许多变量的综合反映，而一种变数的改变也将和其他变数交互在一起发生作用，从而影响到整个大盘走势，进而再影响到个股走势。

如果说市场是可以预测的话，有谁预测到了2007年2月27日的中国A股市场的大跌行情？承接2月27日"黑色星期二"中国股市的大跌，美国道·琼斯指数也随后大

魔鬼金融学

跌400点，跌幅达3.29％，其他新兴市场股市开盘后多有3％～7％的跌幅，欧洲、日本等主要股市股指也纷纷大跌。习惯预测的投资者怎么也想不到中国股市在遭遇连续多年熊市，市场人士都不看好的时候，中国股市却迎来了历史上最大的一波牛市期，上证综合指数一路高歌猛进。

难怪有人惊呼："中国股市打个喷嚏，世界股市就伤风感冒了!"将原来的那句"美国经济打个喷嚏，世界经济伤风感冒"做了一次前所未有的颠覆。

在当今中国大牛市道里，预测的种种弊端都被股市大繁荣和非理性掩盖了。随着股价越涨越高，投资人越来越重视近利。只要是获利预估调升的股票即被抢进，预计无法达成获利目标的公司股票即被抛出，市场最终在一个虚涨的泡沫中崩塌了。

所以，投资者一定不要被各种漂亮的预测所迷惑，一旦用短期获利的思维方式来决定自己的投资行为，肯定就会在预测的海洋中随波逐流，投资随即由理性变成投机。如果仅仅以获利目标作为投资的唯一目的，投资者就再也看不清楚价格和价值之间的关系，因此就会随意地以任何价格买进股票，以利己主义的态度来对待投资。但是，尽管未来不可预测，有一点还是可以确定的，那就是优秀公司的股票最终会在股价上反映出其投资价值来，从这个意义上说，未来才是可预知的。

　　所以，股票投资者要做的就是选择优秀公司的股票，耐心持有，不被短期的预测所左右，以此来分享股市的盛宴。

CHAPTER 2

赌徒谬误

为何赌徒都是输光才走

【赌徒谬误】是一种错误的信念，以为随机序列中一个事件发生的机会率与之前发生的事件有关，即其发生的机会率会随着之前没有发生该事件的次数而上升。

"赌徒谬误"错觉一直存在，甚至在人们已经认识到了这种错觉特征的情况下还是一直存在。而且这种现象非常普遍，不仅存在于投资领域，同时还存在于其他类型的人类活动中。

1. 轮盘游戏与章鱼保罗

赌徒谬误（gambler's fallacy）也被叫作蒙地卡罗谬误，为什么会有这样一个叫法呢？我们还要从一个小故事说起：

1913年8月18日，在蒙地卡罗的一间赌场里，赌徒们正在玩一场轮盘游戏。场内的气氛已经白炽化，因为黑色不可思议地连续出现了十五次！赌徒相信马上就要开出红色了，于是他们开始近乎疯狂地去押红色，结果接下来一局局仍然是黑色。当黑色连续出现了二十次以后，疯狂的赌徒们进一步加大了他们的赌注——所有人都认为在黑色连续出现了二十次以后，再出现黑色的可能性已经不到百万分之一了。但是事情就是这么诡异，黑色创纪录地连续出现了二十六次，不少人输得倾家荡产，而这间赌场却因此赚得盆钵满盈。

这就是赌徒谬误。

还有一个有趣的例子，就是德国神奇章鱼保罗，它准确预测2010世界杯半决赛西班牙击败德国，缔造了世界杯战果预测六连中的完美纪录，在互联网上被传得沸沸扬扬，一时间风光无两。而据《星岛日报》报道，一名资深赌徒在保罗连中5次之后，坚定地认为它最后一次肯定中不了，从而押注德国，结果输掉历来世界杯最大额赌注五十万欧元，血本无归。

赌徒谬误是生活中、投资中常见的错误推理，人们经常会以为随机序列中一个事件发生的机会率与之前发生的事件有关，即其发生的机会率会随着之前没有发生该事件的次数而上升。就像在轮盘游戏中，人们认为黑色已经连续出现太多次，正所谓"风水轮流转"，再出现黑色的可能性已经不大了；又比如我们在买彩票的时候，一般都不会选择上一次中奖的号码，因为觉得不可能连续两次中奖都有同一个号码。

连开26次黑色的轮盘游戏和"章鱼哥"的故事给了我们一个启示：很多人都有这种赌徒心态，但它正是很多时候导致我们失败的"元凶"。比如，我们不妨问问自己，一个股票连续5天大幅上涨后，很多股民都认为其马上就会下跌，你是否也是这么认为的呢？

魔鬼金融学

2. 硬币反面的几率有多大

我们都曾经玩过抛硬币的游戏：一枚硬币抛出，落地后不是正面即是反面，而在你反复抛出后，任何正反组合都有可能出现。那么，硬币反面朝上的几率有多少呢？

受赌徒谬误影响的人可能会这样分析问题。在硬币游戏中，如果我们连续三次重复抛硬币，并且每次都是反面朝上，那么下一次反面出现的几率就是1/16，以此类推，如果继续抛出反面，反面出现的几率就会变得更小。事情真的是这样吗？实际上，重复地抛一枚质地均匀的硬币，结果具有很大的不确定性，并且这种不确定性也不会因人的意志而转移：硬币落地不是正面就是反面，所以反面出现的几率还是1/2。

一句话，不管你扔多少次，反面朝上和正面朝上的可能性都是一样大的，各占一半。同时，我们还要注意硬币上一次出现的正反情况与下一次出现的情况也是没有任何关联的，即上一次对下一次没有任何影响。那么为什么我们通常会认为，反面已经连续出现数次，接下来正面出现的几率就更大一些呢？还是赌徒谬误的心魔在作怪。

行为经济学家舍夫林就曾指出，在掷硬币的游戏中，连续出现正面或反面时，人们基本上会预测下次结果是相反的。在股票市场中也会出现这种情况：投资者就会在股价连续上涨或下跌一段时间后预期它会反转。这表明，当股价连续上涨或下跌的序列超过某一点时，投资者就会出现反转的预期。因而投资者倾向于在股价连续上涨超过某一临界点时卖出。但是这种观点却未必是正确的。

世界总是按照规律在运行，不管你理解不理解。当然，如果你不理解，最大的可能性就是遭遇本来不必遭遇的失败，或者被理解的人利用。

3. 股市中的赌徒谬误

当投资者把这种赌徒谬误移植到股票市场时，他们认为自己发现了某种趋势，事实上这不过是错觉。

当然，我们并不是说股票市场价格是完全不可预测的，在全面考虑各方面情况时，的确可以在某种程度上对价格做出预测。但是，投资者总是错误地假设股票价格在经历过一段时间的上升之后要比经历过下跌更容易保持上升的势头，同样，股票价格经历过下跌之后要比经历过上升更容易发生进一步的下跌。

投资者从情感上希望自己坚持这种观点，同时往往忘记了数据模型仅仅是真实世界的代表这一事实。

然而，这并不是一个自欺欺人的简单例子。

在卡尼曼和特韦斯基看来，这种"赌徒谬误"错觉一直存在，甚至在人们已经认识到了这种错觉特征的情况下还是一直存在。而且这种现象非常普遍，不仅存在于投资领域，同时还存在于其他类型的人类活动中。

例如，在篮球运动中，人们习惯于把连续投篮成功的球员叫作"热手"。

如果篮球队员投篮连续命中，球迷一般都相信球员"手感好"，下次投篮还会得分。

这使很多有经验的球员、教练以及球迷相信球员在投中一个球之后比投丢一个球之后更容易投进下一个球。

第一次投篮和第二次投篮是否命中没有任何联系，即使卡尼曼和特韦斯基，通过统计数据证明了所谓"热手"只是人们的幻觉，球员在投中球后与投丢球后投中下一个球的概率是一样的，但人们还是坚持这样的看法。

谁是这种错误理论的铁杆支持者呢？是那些有经验的球员、教练及球迷。在股市中，这种荒诞的专家并不在少数。

在证券投资市场上，行为金融学也有关"赌徒谬误"的心理分析，简单说就是人们似乎总愿意相信在一系列随机事件发生之后，再度发生同样事件的机会将会大大降低，可惜投资市场的"黑天鹅"总喜欢不期而至。不根据具体经济周期和经济运行相关情况严格推理，只是简单认为市场涨得多了或是涨得久了就肯定会下跌，跌得多了或是跌得久了就一定会上涨，然后据此大胆进行卖出买入的投资谋利，这种投资实质是投机，风险不亚于赌博。

不得不说，赌徒谬误确实是投资的一大心理障碍，虽然很多时候投资者也会意识到这种心态其实是非理性的，但被市场行情冲昏头脑的时候往往会陷入这样的谬误无法自拔——在股价连续上涨或是多次投资获利后会变得小心翼翼，倾向于立即抛售持有的股票以锁定赢利；而在股价连续下跌或是投资多次亏损时又变得偏好风险，极不愿抛售持有的亏损股票而坐等上涨。要战胜"赌徒谬误"的心理障碍，投资者需要学会努力控制住自己的情绪，不要试图凭借简单的短期趋势来预估以后的市场。

CHAPTER 3

长期投资谬误

长期持有不是长期投资

【长期投资谬误】投资者把长期投资的理念异化为"长期持有某一资产不变",这是一种投资谬误,其结果就是把长期投资变成了长期赌博。

长期持有不等于"按股不动",投资者要学会根据市场变化做出适当的调整。可以相应通过不断重复购买,降低成本,尽量扩大安全边际。

1. 猎豹和斑马的长途赛跑

在提到长期投资与短期投资时，人们总是喜欢提起斑马与猎豹的寓言：

在森林里，动物们决定召开一次赛跑大会，狮子做裁判。有很多动物都参加了比赛，比如斑马、猎豹、野驴、跳羚等。比赛快开始时，大家都在猜测议论这次谁会获得大赛的冠军，有一些甚至押起了筹码。

这次比赛的赛程十分长，环境也十分复杂，有森林、沙漠、草地，还有沼泽和戈壁，比赛选手都站在各自的位置上准备起跑了，大家都觉得这次肯定会是猎豹赢得比赛，因为猎豹的奔跑时速最高达到115千米，爆发力非常强。果然，枪声一响，猎豹就领先其他选手很多，远远跑在前面，这下把宝压在猎豹身上的就更多了。

7个小时后，参赛者出现在了终点线，但是结果非常让人吃惊，原来斑马才是第一个冲过终点线的，而一直被大家看好的猎豹却因为在中途体力不支，而放弃了比赛。

裁判狮子说："如果是一场短距离的赛跑，那森林里没有谁能跑得过猎豹，它的速度无人能及，但这次是长距离的比赛，而且比赛地形非常复杂，猎豹在这个时候就显得耐力不足了，但是斑马的经验丰富，尽管时速只有60千米，但是超强的耐力让它赢了！"

从投资角度来说，斑马和猎豹的这场比赛就像是股市中的长期投资和短期投资，长期投资是"主菜"，而短期投资是"甜品"，相比短期投资，长期投资利润更丰厚。

很多人因此过分迷恋长期投资，但是却不小心陷入了"长期投资谬误"——盲目持有，不考虑基本面变化、不考虑估值水平。比如在A股市场上，就到处充斥着"坚定看好某某股票""我要长期持有，股价跌的部分总能涨回来"等豪言壮语，此外，"长期投资是巴菲特的重要投资理念"等说法更是满天飞。投资大师巴菲特是长期投资的坚定信奉者，其连续43年年均21.1%的投资收益的确非常惊人，但是有多少投资者真正理解了长期投资的本质？更多的人对长期投资理念不过是一知半解，也因此产生出许多对长期投资的错误认识。

魔鬼金融学

2. 从长期来看，我们都死了

著名经济学家凯恩斯有一句名言："长期是对当前事物的误导。从长期来看，我们都死了。"尽管凯恩斯的这句话是针对当时经济学界对其经济政策的批判，但是当我们把这句话放到投资市场中时，也别有意味。

在投资市场中，很多人简单地将长期投资等同于长期持有。一些老股民也言之凿凿地告诉新人：买入股票之后，亏了不要割肉，而是长期持有它。

但是实际上，不考虑企业质地、不考虑基本面变化、不考虑宏观经济状况的"长期持有"是非常不可取的。根据1999年初的《远东经济评论》报道，九个亚洲股市里，有八个国家的基金，在过去五年里非但没有赚钱，反而还把投资人的母金亏损掉不少。投资世界的一大特点是，如果输了20%，必须要赚回25%才刚好回本。如果是亏了50%，那就必须赚回100%才能回本了。这是投资人不可忽略的重点。再想想看，那些在2007年11月投资中国A股的人，不知道这个"长期"到底有多长才能收回自己的本金。

没错，巴菲特确实是鼓励投资人买入股票后应长期持有。但仔细注意听他所讲的，就会发现他讲这话时多加了两点：

这些公司必须是优秀的公司。全世界各地的基金经理随时都持有近百种（亚洲）甚至是上千种（美国）股票。试问：股市里，难道真的有那么多家优秀公司吗？巴菲特在马来西亚只发现一家值得长期持有的公司，在美国也只敢买入十多家。不要忘了马来西亚只有七百多家挂牌公司，而美国有一万多家。即使你没有像我这样超级保守，你也不会选到百家、千家的公司来投资吧？这种胆小、平均化，和买万字式的投资法，绝对不是成功投资家的投资概念。

只有在这些优秀公司继续保持之前我们看中的优秀状况，我们才好继续持有它们。这说明了投资不应是百分之百肯定永远优秀的。我们要一直不停地观察市场。比如巴菲特发现可口可乐在矿泉水饮料方面还未有积极发展，因此写了一封信给公司总部，希望能做这种改革。如果这个建议在未来几年内未被接受，而世界人口又渐渐地都喝矿泉水而大量减少喝可乐的话，一百多年历史的可口可乐股票也应该卖出！

其实，就算是一家公司的基本优势还存在着，但如果发现还有一家竞争者也同样拥有这个优势，但股价只是它的一半时，则可以卖掉前者套利，而买入后者。巴菲特于1997年卖出大部分的麦当劳股票，买入另一家快餐业公司股票的例子就是明证。虽然巴菲特辩说这是两个不相干的买卖，他仍然觉得麦当劳是一家很优秀的公司，价格正确时可以买入，但也显示出交换行业股现象的存在。

如果我们发现股市里有两家几近同样优势的同行公司，股价相差不少，也不要感到惊奇。这可能是市场情绪使然，也可能是其中一家是指数成分股而另一家不是（很多基金必须买入指数成分股，因而标价较高）。两种情形都是理智投资人赚钱的机会。

3. 长期投资不是捂住不放

巴菲特的确以长期投资著称，他曾说过："我从不以为长期投资是一件困难的事情，你持有一只股票，而且很长时间都不卖出，这就是长期投资。我和查理都希望长期持有我们的股票。事实上，我们希望与我们持有的股票白头偕老。我们喜欢购买企业。我们不喜欢出售，我们希望与企业终生相伴。"但是，有时候，他也适时调整战术，灵活变动，规避风险，以便获得更大的收益。可以说，巴菲特的进退之道相当灵活机动，值得国内各大投资者借鉴。

巴菲特认为，当股票的市价赢利比率从平常的10～25倍涨到40几倍时，股市此时必定出现大规模投机，股市泡沫已经形成时，即便是以价值投资为导向的投资者，在此时也应该及时退场，只有这样，才能全身而退。在1998年，巴菲特首次将自己所持股全部卖掉，当时，他的很多档股票在当时已经暴涨到50倍市价赢利比率的历史新高，更有甚者已经突破了50大关。此时，他保持了理性态度，见好就收，以安全为主，及时地卖掉了伯克希尔的大量持股，并用所得钱款买进现金雄厚的保险巨头通用再保险的全部股份，以规避未来的金融危机。

当然，在这期间，他也为处理掉手中的大量股票而颇费脑筋，因为他要出脱清光手中所有的持股，但是如果把价值数10亿美元的伯克希尔股票在市场上进行抛售，必将导致股价狂泄谷底。那么，该怎么办，不至于损失，又能摆脱未来危机呢？最后，他想出一个金蝉脱壳的办法，他以股权换债券，轻松把手中的股票出脱，躲避股市泡沫风险，还狠狠地赚一笔，可见，巴菲特在股市中的灵活机动。

另外，巴菲特还经常强调，如果自己购买股票公司的业绩不佳，那么，最好卖掉自己全部所持股票，然后，把这些资金用来投资更有价值的企业上。当然，如果该企业还有很强的竞争优势，管理层值得信赖，你可以继续持有，直到股票涨到你认为不可思议的时候再卖。这期间，股价定然有短期波动，但不用担心，好公司会摆脱困境，重新起航的。当然，虽然放心，也要密切关注其业务发展和竞争环境，如果其竞争优势逐渐减弱，转而靠降低价格竞争的话，最好，停止持有，尽快卖出。

另外，在长期持有某些股票的同时，调整一下投资组合，保证组合整体收益上升，因为，正如巴菲特所说的那样："任何一个给定年份的业绩都取决于很多变量，其中有些变量我们根本无法控制也无法预知。我们认为所有各类投资都是好的投资，我们非常高兴我们可以依赖于几类投资而不是只依赖一种投资。同时进行几类投资，让我们可以在各类投资内部辨别出更多投资机会，也减少了由于我们排除单独一类投资而完全退出投资的风险。"

总之，市场震荡加剧，长期持有不等于"按股不动"，投资者要学会根据市场变化做出适当的调整。可以相应通过不断重复购买，降低成本，尽量扩大安全边际。或者像巴菲特那样将股票转换成债券躲避风险，通过这样不断地优化自己的投资组合，灵活地应对市场震荡，实现财富的增值。当然，这样做只是短暂的，过犹不及，频繁变动，不仅增大成本，还可能失去很多大好的获利机会，得不偿失。

买进股票后不等于长捂不放，而应该根据自己买入该股的目的，及成长目标来适时卖出。不要等着公司的基本面早已破坏，公司甚至退市，还在死守，这样做，就并非真正意义上的长线投资了，这样做的结果会让自己损失更大。所以，长线持有时也应该按实际情况灵活调整战术。

4. 选对股才能做长期投资

长期投资，知易行难，难就难在找到适合做长期投资的股票，即那些价值被低估并且有竞争优势的公司。换言之，好公司也需要时间的发酵，这正是需要长期投资的根本原因。

巴菲特在选择目标投资企业的时候，从来不是按照市场分析师的眼光去看问题，而是把自己当成该企业的经营者。他会像经营自己公司一样，预先把这家公司的产品、财务状况、组织结构、未来的成长前景、发展空间以及其竞争对手都会分析得一清二楚。

所以，我们也应该像巴菲特那样，把企业考察得清清楚楚。寻找"不动股"，我们可以这样做。

想要做长线投资，一定要考察企业的生命周期，每个行业中的企业都有它发展的生命周期，受到此限制，如果你选中的是一条短命的绩优股或蓝筹股长期持有，定然惨败。长线投资的特性决定我们要在企业发展初期或者发展期介入，也许此时期的企业还是业绩平平，但未来前途无量。所以，我们要详细考察企业的成长性，比如，要考察它的主业，看一看其主业是否在一个社会长期需求或独特的行业中，其主导产品的生命周期能否持久存在，其主打产品的市场前景是否广阔，企业是否具有更新产品的创新能力？是否拥有足够的财力支持？现金流是否充足？企业收益是否主要来源于主营业务，而不是其他副业或出自不知名的地方？企业领导是否具有优秀领导素质？等等。

下边，我们分行业重点介绍具有发展潜力的企业应该具备怎样的特征：

1.知识产权和行业垄断型

这类企业具有发明的专利能得到保护，并且具有不断创新能力。具备这样的主要特点，就值得关注、分析。比如，美国的微软公司就是这样一个公司。

2.不可复制和能模仿型

像可口可乐这样的公司，它之所以能够长盛不衰，就是因为它有自己的不可复制的秘方。如今它的品牌已经渗入世界。而国内同样是卖水起家的娃哈哈，它的无形资产也已经达到了几百亿。如果有这样的能够具有独特产品，比如，生产民族饮料的公司，那么，它的发展潜力值得关注。

3.传媒教育型

现在人们越来越重视教育，所以，传媒教育业将会大发

魔鬼金融学

展，同时该行业进入门槛高，垄断性较强，所以，适合作长线投资。比如，新华传媒、歌华有线等。

4. 物流交通型

比如，机场、港口、集装箱、能源、供水、路桥等企业。这些企业行业风险小，一次投资大，能够持续成长，周期长，适合长期投资。

5. 现代农业

中国耕地广袤，耕地就需要种子，还有人们都要吃肉蛋奶，这些企业中相对管理完善，较为大型的企业，拥有长期的客户需求。

6. 以中药为原料的生物工程型

现在中医发展潜力巨大，有些公司已经初步研制出抗癌药物和抑制艾滋病毒的药物，一旦形成市场规模，打入国际市场，前途不可估量。

7. 金融、基金、保险、证券业型

具有雄厚实力的，已经发展很平稳的，比如，像银行类，平安保险、中国人寿，它们都不会在短时间内垮台。因为有专家把关，有大量优质股，净值增长快，分红能力强，且风险小，适合长线投资。

8. 资源不可再生型

比如一些金属矿藏，这些东西都是不可再生资源。当资源短缺时，其产品价格自然上涨。

9. 清洁能源、环保型

未来发展趋势要人类节约能源，保护环境，所以，这类企业也有很好的发展前景。比如，凯迪电力、深南电、天威保变等。

除了上述标准外，还应该关注企业自身的财务状况：

首先，企业具有持续稳定的获利能力。第一，公司产品或服务有定价权。一些企业能够轻松提价，并且不会因此担心市场占有率或销量下滑。而且能够利用少量的支出轻松获得大量收益。像这样的企业才能适应通胀的经营环境。

其次，高权益回报率，没有或极少负债。巴菲特认为股东权益回报率是最好的单年绩效指标。高回报率常常能够让我们获得更多的财富，同时也更容易获得股东的支持。另外，该企业一定是负债极少或没有。因为在通胀加剧的情况下，越来越多的公司会发现仅维持它们当前的营运就需要花光先前所赚的所有的钱，所以，不管这些公司的盈余多么吸引眼球，如果这些数字难以兑现为白花花的现金，我们就会心怀疑虑。

正如巴菲特在1980年致股东信中写的那样："我们更偏好于并购能'产生现金'而不是会'消耗现金'的公司。"

最后，管理层管理能力强。巴菲特非常重视企业的管理层领导能力，他认为管理层就是要创造现金，而自己的优势是配置资金。

　　总之，作为投资者应该仔细研究各个行业中较为有潜力的企业，从中寻找"不动股"。而不是依赖一些股评专家的说辞，做自己有把握的投资，长期持有，获得高利润。

CHAPTER 3　长期投资谬误

5. 你也能投资优秀企业

那些优秀的企业能够保证其在未来5年或10年内能够继续保持较高的股东权益报酬率。理论上在大盘指数和市场估值水平比较稳定的情况下，通常这样企业的股票价格会随着企业年复一年的内在价值的提升而同步上涨。比如，你以每股5元的市价买入一只每股净资产为2.5元，每股净收益为0.5元的股票，这时的静态市盈率是10倍，市净率是2倍（每股市价除以每股净资产），净资产收益率是20％。这是一个盈利水平非常优秀的企业，如果企业每年收益不做分配，全部用来做再投资且资产盈利能力保持不变的话，那么该公司过两年的每股收益就是0.60元；再过一年是0.72元，第三年是0.864元，而第五年的每股收益则应是1.25元。此时如果大盘指数没有出现巨大波动的话，且股票市场对该企业的估值水平没有出现变化的话，该公司股票的市盈率还是10倍，那么此时该股票的市价应为每股12.5元，5年间市值增值到原来的2.5倍，投资该股票此间所获取的年均复合收益率是

20%。

　　投资者必须明确的是，5年间股价增加到原来的2.5倍，并不是受股票市场大牛市的带动，也不是有人故意哄抬股价。事实上，公司的经营发展正一如既往，市场从市盈率和市净率角度讲对企业的估值并未发生改变，股价的上涨或者说股票的增值完全是公司经营业绩的提高所使然。这里有些投资者会担心，5年后企业内在价值提高到了原来的若干倍，那股价是否一定能随之同步上涨呢？请注意，这里要看5年前市场对该企业股票的估值是否是合理的。如果当初的估值是合理的，而现在的股价却没有随其盈利水平的增长而同步上涨，那只能说明市场目前对该企业的估值是错误的。

　　例如一家企业，其每股账面净资产是7块钱，由于业绩较差，又看不清什么经营前景，所以它的市场交易价格是每股5元，市净率只有0.7倍，为折价交易，看上去很便宜。由于企业基本上没有利润，投资者若想获利，只有依靠股价回复至净资产值或者企业被按账面价值清盘。后一种结果目前在国内还没有先例，因为国内的企业不到财产赔光的那天是不会被清算的。所以投资者赚钱的唯一希望就是股价能达到账面价值。如果这种希望能在一年内实现的话，投资者每股赚2元，一年收益率能达到40%（2元÷5元＝40%）。这里有一个问题必须引起注意，如果这种愿望不能在一年内实现，股票购买者的获利将会急剧下降；要是股价能在两年内达到账面价值的话，投资者的年均收益率是18.3%；如果等到第三年投资者得到的年累进获利是11.8%；到了第四年获利会降至8.7%；第五年则下降到6.9%。如果该公司盈利能力始终没有改善，市场对它的估值也没有改变，那么投资者就完全没有什么获利可言。

对于那些喜欢购买市场价格低于账面价值的股票投资者来说，由于企业盈利水平没有提升，获利的希望就在于账面价值的实现上。如果这种价值实现未发生，投资者只能等待，预期的年获利累进率便会实实在在地消失，而且如果要花上许多年，投资者最后所得到的年获利累进率可能会少于将钱存进当地银行所得到的利息。

上边这两个投资例子可以说明，应该购买经营前景好的企业，由于企业每股收益的持续增长使得股票的内在价值得以提升。

只要市场估值水平不变的话，随着时间的推移，投资者就可获得满意的投资回报。而对于那些经营业绩差的企业，哪怕价格比较低，若市场对它的估值不变的话，投资者就永远得不到收益。

对于买入那些前景很糟糕，但股价相对于账面价值很便宜的那些在折价交易的股票，巴菲特说："除非投资者是一

魔鬼金融学

个清算专家，否则买下这类公司的投资方法非常危险，原来看起来很便宜的价格可能到最后一钱不值。"

所以说，要长期持有的股票，一定是值得长期只有的股票，应该具有好的发展前景公司的股票，这样，长期持有才能获得更丰厚的回报，否则，可能给自己带来亏损。

CHAPTER 4

投资分散化谬误

分散不比集中投资安全

【投资分散化谬误】分散投资就是尽量投资于不相关的商品，令资金在市场中的风险最少化来获得最大回报。人们在这样做的时候却忽略了一个前提——同一笔风险资金中分配给不同的策略，这才能有效减低风险。

所谓分散投资是在不同宏观背景，不同环境下，风险偏好的侧重点会发生一定的变化，同时分散风险。

1. 农妇打碎鸡蛋的毒鸡汤

大多数人都曾听过这样一个故事：

一个农妇很擅长养鸡，她喂养的鸡个个肉质肥嫩，而且母鸡还很会下蛋。一次，她听说去城里卖鸡蛋价格更高，就决定积攒一些鸡蛋后拿去城里卖。

农妇从仓库里翻出一个大篮子，把所有鸡蛋都统统装到这个篮子里准备出门，农妇的丈夫见此情景，忙提醒农妇："不要把所有鸡蛋都放在同一个篮子里，把鸡蛋分装到几个篮子里吧。"

农妇不以为然地说："那样太麻烦了，这一篮子鸡蛋能有多重，放心，我肯定拿得动!"

农妇不听丈夫的劝告走出门去，当她走到一半路时已经很累了，就把篮子放下在路边休息。过了一会儿，她准备上路了，可是当她拎起篮子时，篮子却突然破了，所有的鸡蛋全都掉在地上摔碎了，无一幸免。

农妇追悔莫及，只好沮丧地回到家里。农妇的丈夫教训她说："凡事都要留点余地，你怎么能不管不顾地把鸡蛋都放在一个篮子里呢，如果分装一下，即使损失了一篮鸡蛋，也还有其他的幸免。任何时候都要记住，安全是最重要的！"

听起来很有道理，但是事实果真如此吗？

在股市里，散户通常以"不要把鸡蛋放在一个篮子里"为理由，买入无数只股票，认为这样能分散风险，提高赢利水平。殊不知，这是散户长久以来认识上的误区。首先，以少量的资金买入多只股票，反映出散户的不自信，对所选个股的未来走势没有把握；其次，选择多个"篮子"，不仅分散投资精力，而且无法保证每个"篮子"的安全性，市场一旦有风吹草动，出现"篮子"漏底的概率更大。因此，与其将鸡蛋放在多个安全性不确定的"篮子"里，不如精心挑选一只质地优良的"篮子"。事实上，散户长期只需要专注于3只股票（最多不超过5只）足矣，只有对这些股票烂熟于心，才能提高波段操作的成功率。因此，候鸟法则建议：资金在50万元以下，只需买1只股票；50万元以上100万元以下，最多买2只股；资金在100万元以上500万元以下，最多买3只股；资金在500万元以上1000万元以下，最多买5只股票。

2. 蔡斯教授的股票组合

有一次，美国路易斯安那州立大学商学院金融教授蔡斯（Don Chance）做了一个金融投资方面的实验，这项实验的目的是向学生证明分散投资的效果。

蔡斯教授选取了202位学生参加实验，他让每个学生选择1只自己希望持有的股票，然后再加进第二只、第三只，直到每位学生持有一个包含20只股票的投资组合。

这次实验是把所有学生作为一个整体，考察一下投资风险。在把1只股票的集中投资改为为20只股票的分散投资后，整个投资组合的风险度下降了大约40%，这个数据跟课本给出的几乎一模一样。

本来实验到此就结束了，但是蔡斯教授多做了一步——他对单个学生的投资结果重新进行了分析，结果他发现，分散化投资跟预想的成绩差了很多：很多学生把手中持有的股票从1只分散为20只后，投资风险非但没有变小，反而加大了。20只股票组合的风险高于起初第一只单一股票的，概率为1/9；而20只股票组合的波动性高过5只股票组合的，概率达到23%。

蔡斯总结说，这次实验传出的信息是，投资时你并不需要分散成那么多股票，在由电脑产生的投资组合中，20只股票组合的风险高于1只股票组合风险的概率为13%。

所谓分散投资是在不同宏观背景，不同环境下，风险偏好的侧重点会发生一定的变化，同时分散风险。实际上，分散投资风险是必要的，但是如果把它当作投资的主旨就是不正确的，投资只执着于分散风险，以至于握有一堆不同种类的股票，但却对他们所投资的企业少有了解，这实在有点盲目。

我们必须说，所选股票太多是股市大输家的一大陋习。绝大多数投资者是一个人在股市单打独斗，操作的资金有限，却买进了近十只股票。且不管当初研究这十只股票所消耗的巨大精力，光是每天盯住这十只股票察看盘口就已令投资者忙得晕头转向。

何况每只股票的走势各异，有的上涨，有的下跌，强烈冲击着投资者的神经，一涨一跌就好像同时被人泼冷水和热水，令投资者无所适从。

显然所选股票数量过多，会直接导致投资者的目光无法集中，很容易看走了眼，同时缺乏时间去周全地照顾到每一只股票，这样就会错失一些重要信息，不能够在第一时间果断做出买卖决策。所以说，选择股票过多，也不是意见好事情。

对此，巴菲特也深有感触。他曾一度采纳其导师格雷厄姆的观点，进行上百种的投资组合，以便防止某些企业或股票不获利的可能性发生，分散投资风险。但是，他在投资实践中发现，这种投资方式常常令人左支右绌，照顾不过来，于是他转向了费雪和门格的理论。费雪认为，投资者为了防范风险，避免将鸡蛋放在一个篮子里，而将鸡蛋分散在许多篮子里，结果是许多篮子里装的全是破鸡蛋。因为精力有限照顾不周，导致鸡蛋打破。所以多元化的投资理论并不适用。

事实上，我们总是把鸡蛋放在一个篮子里并用心守护，尤其这些鸡蛋非常宝贵的时候，显得更为重要。而多元化投资，则自己既会忙的焦头烂额，又因为不了解而错误率更大。

因此，多元化只能让我们捉襟见肘，不如集中我们熟悉的几只股票，认真分析，做出投资决定，这样投资更为有效。

CHAPTER 4　投资分散化谬误

3."股神"的投资理念

一个重要的投资理念。他决不做没有把握的事情。他追求的是稳中取胜。他坚持集中投资的原则。主张不要将资金分散在多种股票上。巴菲特认为市场上流传的分散投资或多元化投资是人们为了掩盖自己的愚蠢所采取的行为。这一点，巴菲特的导师格雷厄姆正与此相反，他要求投资组合必须有上百种股票，这样做的目的是为了防止某些企业或股票不获利的可能性发生。巴菲特曾经一度采纳了格雷厄姆的观点，但他后来发现，这种投资方式常常令人左支右绌，照顾不过来，于是，他转向了费雪和门格的理论。

费雪认为，投资者为了防范风险，避免将鸡蛋放在一个篮子里，而将鸡蛋分散在许多篮子里，结果是许多篮子里装的全是破鸡蛋。因为精力有限照顾不周，导致鸡蛋打破。所以，多元化的投资理论并不适用。巴菲特还深受英国经济学家约翰·凯恩斯的影响。凯恩斯在投资领域有许多杰出的见解，他曾经说过，他的大部分资产都集中投在他可以算出投

魔鬼金融学

资价值的企业证券上。这给巴菲特以深刻的影响。

在巴菲特看来，最为优化的投资政策就是集中投资，他用他几十年的投资经验证明了这一点。集中投资拥有无可比拟的优势。

首先，集中投资，减少持股，降低风险。巴菲特认为，风险和投资者的投资时间有很大关系。预测股价在短时期内攀升或下跌的概率就好比预测抛出硬币是正面还是反面的概率一样，你将会损失一半的机会。如果我们今天买入股票，想要明天就卖出去，那么，很可能明天大跌，后天大涨，而明天卖出，我们就损失了。如果，如果把自己的投资时间延长到之后的几年，那么，交易的风险就明显降低了。比如，我们今天购买可乐股票，明天就卖出，交易风险就很大。如果我们现在购买可口可乐股票，照它现在的发展势头，未来几年后卖出，我们的股票一定是大涨的，风险就大大降低了。当然，集中投资前，购买的一定要是优秀股。

其次，持股越少，获利更多。虽然，未来规避投资风险，很多人把资金分散在不同的股票上。然而，这样做是投资者没有完全理解风险的本质，他们不相信赚钱的同时避开风险是有可能的。并且，尽管分散化能够将风险降低到最小化，但它也导致了利润会最小化。巴菲特曾经说过："我们宁愿波浪起伏的15%的回报率，也不要四平八稳的12%的回报率。"

　　巴菲特之所以能够在投资领域保持持续的获利能力，其中最大的原因就是他集中把资金投资在了获胜概率最大的股票上，所以能够40多年来持续获得丰厚回报。

　　再次，集中投资也降低了交易成本，因为，投资越分散，交易费用越高，那么，赢得丰厚回报的概率就越小了。相反投资越集中，交易成本越小，赢得丰厚回报的概率就越大。

　　正是巴菲特认为，"把所有鸡蛋放在同一个篮子里，然后小心看好它"的投资策略，使他能在数十年间始终保持着成功的投资纪录，获得了最多最安全的股市收益。巴菲特的投资理念对我们每一个投资者都有着重要的指导作用。我们也应该按照巴菲特的投资理念，在实践中坚持集中投资，获得更多回报。

4. 集中投资要看长期收益

有人担心股票市场的波动太大，然而，巴菲特曾经说过："我们宁愿要波浪起伏的15%的回报率，也不要四平八稳的12%的回报率。"既然集中投资既能降低风险又能提高回报，那么，短期的业绩波动大些又能怎样呢？许多投资大师的出众的投资业绩以及大量事实证明，集中投资并长期持有，可以持续战胜市场。

比如，查理·芒格在经营其合伙公司时，把投资主要集中在少数几只证券上，其投资的波动率非常大，在1962-1975年的14年间，年平均的回报率以标准差计算的波动率为33%，相当于同期道·琼斯工业平均指数波动率的2倍。但其14年中，年平均回报率为24.3%，相当于道·琼斯工业平均指数年平均回报率的4倍。

凯恩斯利用集中投资策略，他的切斯特基金在1928-1945年的18年间，年平均投资回报率以标准差计算的波动率为29.2%，相当于英国股市波动率12.4%的2.8倍，但其18年中年平均回报率为13.2%，相当于英国股市年平均回报率只有0.5%的26倍还多。

而比尔·罗纳的红杉基金也是利用集中投资，长期持有的方法同样获得了丰厚的回报。他在1972—1997年的26年间，年平均投资回报率以标准差计算的波动率为20.6%，高于同期标准普尔500指数波动率16.4%约4个百分点。但其14年的年平均回报率为19.6%，超过标准普尔500指数年平均回报率14.5%约20%。

巴菲特本人在管理伯克希尔公司的4多年来，他采用集中投资策略，每股净值从原来的19美元增长到现在的50498美元。二战后，美国主要股票的年均收益率达到了10%左右，而伯克希尔公司却达到了22.2%。

所以，放长线钓大鱼，集中投资不注重短期回报，看的是长期收益。坚持集中投资，长期持有，会大大降低短期投资所带来的风险。所以，集中投资，长期持有，既能获得高回报又能降低风险，何乐而不为呢？关键是要静下心来，找一只好股票，耐心去守护。做到这点，你才能钓到财富大鱼。

在此要提醒大家，在股市上，如果效仿巴菲特，不理会短期内股市的涨跌变化，首先就得像巴菲特那样买入值得长期持有的优质股票，如果买入了一只前途渺茫的劣质股票，是无法叫人高枕无忧的。那么，首先应该解决的问题就是买什么样的股票？总的原则是这样的，只有有持久竞争优势的公司才能够以垄断者的地位来获利。其竞争优势越持久，所创造的获利能力就越强大，正是这一点使巴菲特确知这样的公司会渡过任何难关，并使沉沦的股价向上提升。所以说，持久性竞争优势能确保那些企业为他带来长期的财富。一般说来，企业的持久竞争优势可以表现为两个重要方面：一是低成本的持久性；二是品牌优势的持久性。

必须注意的一点是，优质公司的股票其价格常常没有大变动，投资者不能只注意到它是优质公司就不顾一切地买进。买入价格常常决定报酬率的高低，所以，要获得高出平常的报酬率，就得用较低的价格买进优质公司的股票。不然，高进高出，等于白费力气。所以，买入时机是投资制胜的关键。在股市上，股票价格是动态的，处于不断变化之中，质地优良的公司股票尽管很难有超乎寻常的低价位，但当意外情况发生时也会有令人惊喜的低价位。如果买入价格合适，就会有可观的收益和报酬率。

CHAPTER 4 投资分散化谬误

CHAPTER 5

忽略先验概率

为什么需要基本面分析

【忽略先验概率】根据以往经验和分析得到的概率，先验概率往往作为"由因求果"问题中的"因"出现。人们往往过分关注相似度即主观判断，而忽视了先验概率即客观分布。

事情还没有发生，要求这件事情发生的可能性的大小，是先验概率；事情已经发生，要求这件事情发生的原因是由某个因素引起的可能性的大小，是后验概率。

1. 对感冒的经验判断

我们来看一个例子。

有一天，一个年轻人来诊所看病。他告诉医生说自己这两天感到头疼，然后医生根据自己的经验判断出他是感冒了。医生询问病人：最近有没有吹风着凉？病人回答说自己前两天忘记带伞淋了点雨。最终，医生给他开了一些感冒药。

这是生活中常见的一个小场景，但是我们却能从中看到对先验概率和后验概率的应用。

头疼是一种常见的症状，很多疾病都会导致头疼，比如感冒、脑膜炎、脑溢血等。

那么，医生为什么通过简单判断，就认为那个病人是感冒呢？答案是这种判断来自于医生多年的从业经验。

如果不忽略先验概率，我们就可以了解医生的大脑运作方式：

A 感冒导致头疼

B 脑膜炎导致头疼

C 脑溢血导致头疼

……

作为一名医生，考虑到疾病的常见程度，病人应该是感冒了。这就是先验概率。所谓的先验概率是指根据以往经验和分析得到的概率，它往往作为"由因求果"问题中的"因"出现的概率。

说的更简单一点：事情还没有发生，要求这件事情发生的可能性的大小，是先验概率；事情已经发生，要求这件事情发生的原因是由某个因素引起的可能性的大小，是后验概率。

经过询问，可知病人之前淋过雨，因此病人应该是因为着凉感冒了。这就是后验概率。后验概率是指通过调查或其他方式获取新的附加信息，并且对先验概率进行修正，此处我们只是大致了解一下就可以了。

先验概率有两类：一是利用过去历史资料计算得到的先验概率，称为客观先验概率；一是当历史资料无从取得或资料不完全时，凭人们的主观经验来判断而得到的先验概率，称为主观先验概率。

投资中，我们在选企业的时候往往忽视先验概率，某个企业管理优秀，发展迅速，看起来似乎不错，因为投资者就匆忙做了投资，但是考虑到它所属行业的成功率实在是太低，这样的公司其实不是好的选择。

这也就是我们常说的，人们在做判断的时候往往通过代表性来评估概率，从而忽略先验概率，导致对结果的先验概率不敏感。

CHAPTER 5　忽略先验概率

2. 不要把噪声当成信号

在公园里，你拿着铲子乱挖，忽然发现一个空洞。空洞里面会是什么呢？应该说一切皆有可能。你根据你的大脑已储存的东西能做出一些可能性判断，比如"里面是老鼠洞""蛇洞""塌陷"……你对每种场景的可能性认识就是概率分布$P(Ai)$，这样的概率就是先验概率。但是如果你忽略了先验概率，太注重特例，很有可能会误把噪声当作信号。比如，你可能会认为这是一个藏宝洞，并因此而奋力挖下去。

同样的道理也适用于股票投资，即在对标的资产进行研究时，如果过于上市企业的近期表现，而忽略了企业所处的行业、企业的长期走势，那么就有可能会让自己的投资受到损失。那么，在市场价格里究竟隐藏着什么东西，总是能够让人沉溺其中，不能自拔呢？很简单——噪声。

从物理学角度来说，噪声是指发声体做无规则振动时所发出的声音，这种声音无法提供给有价值的信息，但却混淆我们的视听，对我们的判断形成干扰。

　　在证券投资市场中，我们所能遇到的"噪声"有哪些呢？比如市场上的各种小道消息，某只股票不明原因的短暂冲高……很多股民就是被这些噪声误导，对先验概率不敏感，盲目买卖，最终认赔离场。

CHAPTER 5　忽略先验概率

3. 怎样根据基本面选股

股票投资是一种集远见卓识、渊博的专业知识、智慧和实战经验于一体的风险投资。

选择股票尤为重要，投资者必须仔细分析，独立研判。而宏观经济走向、产业政策、行业发展，都可以在选股时为我们提供较为可靠的参考。

忽略先验概率，只看着红绿线每日的波动选股，有时候就会使人失去清醒的头脑，陷入一片狂热混乱之中。那么，我们怎样根据基本面选股呢？

1. 根据公司业绩选股

公司业绩是股票价格变动的根本力量。公司业绩优良，其股票价格必将稳步持续上升，反之则会下降。因此，长线投资者应主要考虑公司业绩进行选股。衡量公司业绩的最主要指标是每股赢利及其增长率。根据我国公司的现状，一般认为每股税后赢利0.8元以上且年增长率在25％以上者，具有长期投资价值。

2.根据经济周期选股

不同行业的公司股票在经济周期的不同阶段，其市场表现大不一样。有的公司对经济周期变动的影响极为敏感。经济繁荣时，公司业务发展很快，赢利也极为丰厚；反之，经济衰退时，其业绩也明显下降。另一类公司受经济繁荣或衰退的影响则不大，繁荣时期，其赢利不会大幅上升，衰退时期亦无明显减少，甚至还可能更好。因此，在经济繁荣时期，投资者最好选择前一类股票；而在经济不景气或衰退时，最好选择后一类股票。

3.根据垄断背景选股

自然资源垄断。景点旅游股拥有不可复制性的特征，因此，黄山旅游等景点旅游股就拥有一定的自主定价权的优势。因为景点资源就是垄断，那么，循此思路推广下去，具备与景点旅游股同样垄断性质的个股，同样具有自主定价能力，同样具备现价介入的机会。比如，高速公路是不可复制的，有自然资源的特征，如果主力资金能够拥有持续收购这些垄断资产能力的高速公路股，无疑较具投资机会。例如，粤高速、深圳高速等个股。对水能资源拥有开发权的个股，无疑也是垄断资源，因为水能资源也是不可复制的，甚至是开发一块，少一块。所以，它也具有投资机会。

技术垄断。类似于中科三环、云南白药、片仔癀等这样的技术垄断，此类个股在某一产品领域具有较强的技术垄断性，也具有核心竞争力，其业绩增长也是确实稳定的。山西汾酒、贵州茅台等也具有一定的技术与资源等合二为一的垄断性质，此类个股较具有投资机会。例如，贵州茅台在2006年从40多元上涨到百元高价，其中重要的原因之一就是其具有一定的垄断性。

4. 根据行业选股

上市公司的行业分为以下三种：朝阳行业、夕阳行业和中性行业。朝阳行业和中性行业则被市场看作是有发展前途的，而对于夕阳行业，市场则是不看好的，这些公司一上市，其股价就会出现跌势。然而，对于朝阳行业的上市公司，市场则会特别看好其发展前景，而其股票在二级市场上亦会有不俗的表现——股价不断走强。因此，选择朝阳行业的公司进行投资是理性投资者的最佳抉择。

但是，市场永远是变化的。即便是朝阳行业的公司，也可能因为经营不善而出现亏损，导致其股票被打压。因此，选择朝阳行业的公司进行投资，应关注公司的成长性。近几年的证券市场上发生的一系列问题，更加说明了这一点的重要性。比如，有些公司上市时还可以，但上市半年后即宣告亏损；有些公司上市几年，业务发展正常，但随着行业发展的饱和，公司业绩亦逐渐滑坡，最终成为亏损公司；有些通过包装，"拉郎配"上市，不久即宣布破产；更有一些上市公司长期欺骗投资者，并以绩优股自居，被市场揭穿后，即告破产，等等。这些事例说明，投资者在选择股票投资时，一定要慎之又慎。

夕阳行业的上市公司，也可能因某些原因而变成朝阳行业公司，彻底改变公司的行业属性和形象。通常这类公司会进行资产重组或行业扩张收购等。在证券市场上，要把夕阳行业的公司转变为朝阳行业的公司，只有通过重组才能完成，这一类型的上市公司有煤矿、纺织等类公司。

一些夕阳行业的公司，也会因为国家的政策扶持或经历收购重组，而改头换面、脱胎换骨。对这一类的股票，投资者也应该加以重视。比如煤业，是很典型的夕阳行业，但是煤业作为资源型的产业，不但受到全球性资源紧缺的影响，而且也受到国家政策的保护。从2006年开始，全世界的原油价格不断上涨，很多行业特别是那些用油量大的生产型企业，将面临大的冲击，甚至有倒闭的危险。为了避免世界性的灾难，"以煤代油"将会越来越受到世界各国的重视，从而使属于夕阳行业的煤业得以转型。

从行业的属性看，夕阳行业的上市公司很难有大的成长，相反，每年走下坡路的趋势则非常明显，而它们的股票同样会受到市场的打压。但是，从近几年上市的公司看，即便是夕阳行业的公司，其股票上市后仍受到市场的大力追捧，其中最重要的原因就是，公司行业出现新的转变，即公司经过重组。还有一点需要注意的是，在证券市场上，收购重组对象往往就是这些夕阳行业的上市公司。

对于上市的夕阳行业的公司来说，为了更好地发挥证券市场的再融资功能，使公司在同行业中立于不败之地，转变行业属性是夕阳行业公司的必由之路。因此，对于广大投资者来说，选择夕阳行业的上市公司应特别注意这样的问题。

魔鬼金融学

CHAPTER 6

光环效应与后见之明

如何考察上市公司

【光环效应】人际知觉中所形成的以点概面或以偏概全的主观印象。

后见之明：得知事件结果之后，人们会忽略结果信息的影响，而高估自己能正确预测事情发生几率的倾向。回顾历史，每个人都可以说自己已经预见了未来，预测到了危机的发生，但实际上这是一种严重的情感和心理误区。

1. 如果华尔街能预测未来

2008年10月，在雷曼兄弟（LEHMQ）无法免除破产命运之后，其首席执行官傅尔德（Dick Fuld）不得不来到了国会山，在作证时，他宣称自己的管理团队已经"竭尽所能来保护我们的公司"，最终公司只是因为"信心的缺乏"而不得不宣告破产。他还非常有后见之明地宣布："我现在可以明确表示，雷曼兄弟就像我看到的那样也犯下了错误。"

从1996年到2000年，互联网经济飞速发展，在"利润增长"的心态下，人们不断把他们的财富投资到互联网公司中。但是在2000年11月底，纳斯达克跌破2600点大关，从九个月前5132点的历史高位上下跌了近50%。思科的市场价值从5792亿美元下跌到1642亿美元，雅虎从937亿美元下跌到97亿美元，亚马逊从228亿美元下降到42亿美元。统计显示，2000年美国共有210家.com公司倒闭，巨额财富化为了泡沫。泡沫破裂后，很多人都声称自己当初已经预见到这一天的到来——市场已经达到不可维持的高点，泡沫行将破裂，投资者和短线交易者将因此赔得精光。

在过去的20多年中，美国股市两次下跌了一半。而这两次，大多数华尔街"投资专家"完全没来得及避开，他们也未能够预测房地产泡沫破裂；在2008年初大多数接受调查的经济学家未能预测到将会发生70年以来最严重的经济衰退，尽管当时它已经开始；IMF的专家也完全没有预测到金融危机。而在每次危机之后，我们总能看到专家或者经济类著作宣称自己曾未卜先知。

……

回顾历史，每个人都可以说自己已经预见了未来，预测到了危机的发生，但实际上这是一种严重的情感和心理误区：既然每个人都能声称自己的未卜先知，为什么还会让自己赔得一无所有呢？

2. 为什么《基业长青》不靠谱

说起《基业长青》，大家一定都不会陌生，它曾经是中国商业企业界人手一本的管理书。作者吉姆·柯林斯和杰里·波勒斯选取了18家卓越超凡、长盛不衰的公司，和18家对照公司来让读者反复思考"是什么使这些真正独特的公司有别于其他企业"，并且得出结论：这些好公司无论在管理还是领导方面，都有着杰出的表现。而这些企业的经验教训，也可以被各个阶层的管理人学习和运用。

但是具有讽刺性的是，《基业长青》中所赞扬的企业在图书出版后的绩效情况整体收益率不如指数，部分企业业绩考核指标也有所下滑。而这些被作者引以为标杆的18家企业，现在多半都销声匿迹，有些甚至濒临破产了。基业长青成为了一个笑话。

其实不只是《基业长青》，很多好的故事经常会使人产生类似的错觉，比如当某些企业业绩出色或者股价上扬时，传媒和股民会夸奖这家企业有杰出的战略、高明的管理、

CHAPTER 6　光环效应与后见之明

优秀的企业文化……他们用能想到的各种原因来解释这个企业的成功。这就是光环效应。但当公司业绩滑落、股价暴跌时，人们就朝着反方向去批评，战略不专注、管理混乱、服务差劲……仿佛该企业一夜之间就失去了以往全部的优点。

再比如股市收盘后，或者股灾之后，市场人士所做的点评，他们总能找原因解释股市为什么涨啊，又为什么跌啊，即使真的没什么原因，也会随便找一个原因。他们可能会告诉你，自己在数周之前早已预测到了这波暴涨或暴跌行情，有的甚至还会给你一个博客截图，看起来好像真的是料事如神。但事实真的如此吗？这不过是一种后见之明而已。他们可能在之前做了多个方向相反的预测，也可能确实在心里做了一点自己都不确信的怀疑，事实一旦出现，这些就会成为他们预测精准的"证据"。

过去的他们，不能预测现在；现在的他们，也无法预测未来。

3. 如何用"先见之明"判断企业

我们已经知道了光环效应和后见之明对我们大脑和思维方式产生的影响，那么是不是投资中对优秀企业的判断都是后见之明呢？

这样的说法有一定道理：企业的未来是如此难以预测，成长和发展中所要面临的风险和市场变化波诡云谲，远离企业的二级市场投资者又如何判断一个企业是否优秀到值得投资呢？

尽管后见之明和光环效应是毫无疑问存在的，但是也不必因此过于偏激，对公司分析彻底失去信心。对所要投资的企业做预先判断，至少能在很大程度上控制投资风险。

首先是行业选择，每个行业都有自身的特征，上市公司的行业分为以下三种：朝阳行业、夕阳行业和中性行业。朝阳行业和中性行业则被市场看作是有发展前途的，而对于夕阳行业，市场则是不看好的，这些公司一上市，其股价就会出现跌势。但是也不能一概而论，比如有的行业虽然算不上朝阳行业，但却发展稳定；有的行业看似红火，但是却容易被创新颠覆。对于投资者来说，这样的行业当然要尽力避开。

其次，关注企业自身的发展变化。企业的竞争优势是我们一再强调的，我们选择实力强大，或具备垄断优势的公司，配上优秀管理层和巨大的发展空间，如果还有不错的价格提供安全边际，投资成功的概率就极大地提高了。上市公司在同业中的竞争地位强弱，评定的标准有以下几个方面：

1. 考察年销售额或年收入额

上市公司年销售额的大小，是衡量一个公司在同行业中相对竞争地位高低的一个重要标准，用公司销售额在全行业销售额中的比重来表示，更能反映这种情况。在同行业的激烈竞争中，占总销售额比重较大的公司，一定是竞争能力强大的公司，公司的赢利主要来自销售收入。收入越多，利润越多。所以投资者首先应该选择的是行业中领先的上市公司。

2. 考察销售额或收入额的增长

投资者理想的投资对象，不限于著名的上市公司，还有那些既有相当规模，其销售额又能迅速增长的上市公司，因为能迅速扩张比规模宏大更为重要。高增长的销售额往往带来高增长利润额，由此使公司的股价不断提高，股息不断增加，达到投资者进行股票投资的预期利益。

3. 考察销售额的稳定性

在正常情况下，稳定的销售收入伴之而来的是比较稳定的赢利，如果销售收入时多时少，变动太大，既给上市公司的经营管理带来很大的不利，也使付给股东的股息、红利有无、高低不确定性增加，因此投资者在选择中应充分注意公司的增长稳定性。

最后，保持对目标公司的长期关注。即使是做价值投资，也并不意味着选好一个公司三年五年都不用再管。比如现在互联网发展这么迅速，颠覆性创新因素不断出现，你必须随时保持一个开放的头脑，不断学习互联网、新科技，体验新的生活方式，并且根据市场变化对目标企业重新进行评估。

总之，对于投资者来说，努力培养自己的公司分析能力，就能够最大程度地避免掉入"光环效应"和"后见之明"的仙境，做到在大的波动下稳得住，好的机会来临才能抓得住。

CHAPTER 6 光环效应与后见之明

CHAPTER 7

可得性偏差

你的大脑由谁做主

【可得性偏差】人们往往根据认知上的易得性来判断事件的可能性，而忽视对其他信息的关注和进行深度发掘，从而造成判断的偏差。

最容易记忆提取的事情，并不一定是发生概率最大的事情，这里面有极其强烈的主观因素，比如情绪，比如对权威的屈从。

1. 飞机、火车、汽车，谁更危险

在讨论可得性偏差之前，我们先来思考一个问题：在交通工具中，飞机、货车、汽车，谁更危险？

很多的朋友下意识地说飞机最危险，那么我们来看一组来自英国的统计数据（1996到2005年）。

客运铁路死亡总人数：72人（每年死亡人数超过7人）

客运铁路行驶总路程（公司和通勤）：145011亿英里

每10亿英里的乘客死亡人数为：0.497人

公路死亡总人数（司机/乘客）：379117人（平均每年死亡人数37912人）

车辆行驶总路程：27615亿英里

每10亿英里的乘客死亡人数为：13.729人

而遭遇一次飞机失事的概率大概为1/1100万，这是一个非常小的概率。比较起来说，一个人驾驶汽车去机场的路上发生事故的几率远远高于其到机场搭乘飞机发生事故的几率。

为什么在人们的心目中，飞机被认为是最危险的交通工具呢？这可能与行为金融学种的一个习惯性错误有关——可得性偏差（Availability Bias）。所谓可得性偏差，是指的是我们更容易被自己所看到或者听到的东西影响，而不是用统计学知识去思考问题。很容易理解，比如人们认为作为交通工具飞机比汽车危险，这其实与媒体的宣传报道有关。媒体对于飞机的关注远远大于对火车和汽车的关注，一次小小的飞机故障就可以成为电视、报纸、网络上连续数天甚至数月的新闻，而火车只有脱轨的事儿才能见诸媒体的报道，更不要说汽车了。所以，飞机的媒体曝光率最高，这些易得性的信息自然也就影响了人们对于飞机安全性的主观评估。

2. 我们怎样落入"可得性偏差"陷阱

我们现在所说的可得性偏差出自于卡尼曼和特维尔斯基在1974年的同一篇论文。人们通常会根据一些容易想起来的事情来判断一种类别出现的频次或者事件发生的概率。这种行为从好处来说可以简化人们的决策过程；而它的缺点却更为明显——最容易记忆提取的事情，并不一定是发生概率最大的事情，这里面有极其强烈的主观因素，比如情绪，比如对权威的屈从。

那么，我们是如何从思维上落入"可得性偏差"的陷阱的呢？

首先，获取信息的方式和过程导致了一定程度上的偏差。以新闻阅读为例，每个人阅读新闻的习惯、获取新闻的渠道都不同，这会导致你在接受新闻信息时，偏向某一类的新闻，而忽视其他的新闻，而信息技术的发展使得新闻客户端会更集中地向你推送你固定感兴趣的新闻事件。在遇到某一件事时，如果你不假思索，不做调查地用大脑所能提取的信息来作为判断的依据，那么必然系统性的偏差就会产生。

其次，个体的想象。你能想到自己的"联想"会给你的判断带来多大偏差吗？如果一个容易被想象的事件能够被判断为更可能发生的事件，那么对于一个事件的刻意想象可以增加其易得性，从而使得它更可能发生。比如一个对星座感兴趣的人，在做某些具体的事情时，会不自禁地想到自己的被描述的星座特质，进而做出符合星座性格的判断，因为这样做的时候，他便是在"证实"，这样做要更加"易得"。

最后，一个动人的故事、一个生动的描述对我们的影响是非常巨大的。因为生动的描述能够充分调动我们的想象力，因此生动的描述也可以使得人们的决策产生偏差。当媒体向你生动地描述一件事情（无论是正面的还是负面的），相信我，你实际的感受肯定会比这件事实际上带来的感受更有冲击性。

3. 那些让小散赔光的投资偏见

在金融投资领域，"可得性偏差"陷阱也很常见，股市中散户经常出现的一些偏见性错误就是由可得性偏差导致的。

这样的例子实在太多了。散户们购买被新闻广泛报道的股票的交易量要远远高于那些没有被新闻报道的股票——别人在买什么，新闻里报道什么，就不管三七二十一跟着买进去再说；因为容易获得股价的历史数据，就过分依赖K线和指标进行决策；因为容易获得公司的财务指标，就仅仅分析财务指标进行PE、PB等"估值"来决策等。

在文中举了这么多例子，希望可以提醒大家，我们总会受天生的非理性行为习惯的影响，一个聪明的投资者，需要知己知彼，先充分了解自己人性的弱点，然后才可能通过建立一些有效系统，坚持独立思考来抵御自己非理性的弱点。只有争取做一名理性的投资者，才可能资本市场上增加自己获胜的可能性。

具体地说，散户们经常会犯的偏见性错误有如下几种：

1.熟人推荐

熟人是可信任的，熟人是最先被想起来的，但实际上盲目相信熟人的选股水平，不仅风险容易失控，而且不具有持续性。

2.收看股评

股评人整天苦口婆心地为散户推荐股票，一遍遍加深你头脑中的印象，给你带来了可得性偏差。而实际上却有可能是为了吸引跟盘，以达到低成本拉升或出货的目的。

3.追随"股神"

随着快捷的信息流通，媒体上到处活跃着各种"股神"，如博客写手、证券分析师、专家教授等，尽管他们背后的目的各异，但肯定都不是散户利益的代言人。当你放弃独立思考，简化决策，实际上却是选择了被偏见误导。

4.依靠选股软件

任何选股软件所设定的技术指标和数据信息，均无法避免技术分析本身的缺陷，所有夸大选股软件功能的言辞，均属无稽之谈。

5.听信市场传闻

即便市场传闻中的内容属实，传到散户耳朵里也已经严重滞后，更何况多数市场传闻纯属"黑庄"操纵市场、混淆视听的工具。

6. 根据技术指标选股

不同类别的技术指标，适用于不同的市场环境，脱离大盘环境和基本面的生搬硬套，无异于孤军深入，生死难料。

7. 跟随利好消息

并非所有利好消息都能刺激股价持续上涨，假如前期股价对该利好消息已有充分反映，不排除主力借机出货。

揭露上述选股方式的弊端，并不意味着对它们的全盘否定，只不过是希望能够尽量减少可得性偏差的影响，放弃不经过大脑过滤的相对孤立的选股思路。选股不仅是熟知市场和上市公司的过程，而且是深入认识自己内心世界的过程。只有知己知彼，方能百战不殆。

CHAPTER 7 可得性偏差

CHAPTER 8

小数法则

模糊的正确还是精确的错误

【小数法则】将小样本中某事件的概率分布看成是总体分布，而忽视了事件的无条件概率和样本大小，这是一种心理偏差。

投资者会无意识地夸大小样本中事件的发生概率，这一点在市场发生重大事件、极端事件时表现得尤为明显，投资者常常会给予该事件过多关注，并且会因此造成过度反应。

1. 特韦斯基的圈套

行为金融学有一个常用概念叫"小数法则"，它是一种建立在经验之上的心理偏差。当一个人相信了小数法则，就难以相信大数法则。

多年前的一个下午，特韦斯基和约翰·杜伊教授正坐在芝加哥的一间咖啡馆里悠然地喝着咖啡。特韦斯基看似随意地向杜伊教授提出了一个问题：有两家医院，在较大的医院每天都有70个婴儿出生，较小的医院每天有20个婴儿出生。众所周知，生男生女的概率为50％。但是，每天的精确比例都在浮动，有时高于50％，有时低于50％。在一年的时间中，每个医院都记录了超过60％的新生儿是男孩的日子，你认为哪个医院有更多这样的日子？

杜伊教授——资深的统计学教授，钻进了圈套，他认为较大的医院有更多超过60％的新生儿是男孩的日子。

这是一件非常有趣的事：一个整天向学生灌输大数法则的教授，自己居然不相信大数法则！

统计学教授如此，普通人又如何呢？

特韦斯基为此又做了一系列实验，结果发现仅有22%的受试者给出了正确的回答：较小的医院会有更多这样的日子。

大数法则是统计学的基本知识，我们知道大数法则需要很大的样本数才能发挥作用，因为随着样本的增大，随机变量对平均数的偏离是不断下降的。所以，大医院的数据会更均衡一些。这一基本的统计概念显然与人们的直觉是不符的，特韦斯基据此提出了"小数法则"的概念。"小数法则"不是什么定律或法则，而是一种常见的心理误区。用错误的心理学"小数法则"代替了正确的概率论大数法则，这是人们赌博心理大增的缘由。

2. 你对样本的大小是否敏感

　　大数定理或者大数法则我们都很熟悉，它是指在随机现象的大量重复中往往出现几乎必然的规律，即对大样本取样的研究才可能得出规律性，大样本才可以反映总体。但是在实际生活中，我们更多地是受到"小数法则"的影响，简单说，就是我们在根据经验判断事情发生的概率时，往往对样本大小不敏感，从小样本中得出支持自己行动的结论。

　　小数法则是一种心理偏差，是人们将小样本中某事件的概率分布看成是总体分布。人们在不确定性的情形下，会抓住问题的某个特征直接推断结果，而不考虑这种特征出现的真实概率及与特征有关的其他原因。

　　这方面我们可以找到一个非常著名的例子，那就是所谓的"莫扎特效应"。1993年法国科学家弗朗西斯·劳舍尔在《自然》杂志上发表的论文里提到的实验结论：听莫扎特K.448号乐曲能够改善人类的空间推理和记忆。据此得出的结论是，如果不时地给婴儿播放古典音乐就能够使他们变得更聪明。这一结论迅速风靡全球,人们将其奉为胎教和家教的"圣经",一时间市场上出现了大量的与此相关的商业书籍,音乐CD和DVD等,甚至形成了一个与之相关的产业。但是"莫扎特效应"真的有效吗?实际上这个实验的样本规模非常小,具体地说只有36个学生做样本,而且只有在一个测试中,学生的IQ好像在听了莫扎特音乐后有了改善。从这一点来说,这个结论的科学性是要画一个大大的问号的。在2007年,德国教育部所有与之相关的研究做了一个综合评价,结论是这个所谓的效应根本不存在。

生活中或者金融投资中,人们之所以会做出错误判断,往往是因为忽视了样本的大小,就像案例中所说的那样。

比如房地产投资。就中国近10年来的房价情况来看,网络上"房价肯定不会下跌"的言论倒也没什么问题,但是如果我们把样本再扩大一些,比如全球一百年的房地产价格变动史,就会发现房价出现突然下跌也不是什么新鲜事儿,这种事情在日本、新加坡甚至香港都曾经发生过。

金融投资史上,人们被小样本愚弄的情况非常多,从统计学上来看,小样本中会出现惊人的偶然事件,但是却并不具有自我修正的功能,通俗地说,就是未必会出现一个与之方向的时间来平衡,偶然事件很可能无法被"中和",这导致的偏差会有多大不问可知。实践中,相比于大样本,极端的结果更容易出现在小样本中。

　　因此，人们应该增强自己对样本大小的敏感度，建立一个广泛的视野，毕竟人们之所以产生断错误，就在于他们认为任何一个小样本或者事件都应该具有全域的特征。

3. 股票投资中的小数法则

样本大小不仅在统计学中非常重要，在投资金融领域也同样重要，这是对问题进行准确判断的关键因素。

就像前文所说的，在"小数法则"的误导之下，投资者会无意识地夸大小样本中事件的发生概率，这一点在市场发生重大事件、极端事件时表现尤为明显，投资者常常会给予该事件过多关注，并且会因此造成过度反应，并且进一步造成整体市场巨幅波动，比如因为一条传言使市场或者个股暴涨暴跌，这种情况在市场中非常常见。

小数法则也会影响个人投资者交易系统的建立。成熟的投资者应该建立适合自己的交易系统，保证自己的胜率。但是如果在这一过程中，陷入了小数法则，那么会导致投资者过早建立信心，或者过早地失去信心。比如，一个交易系统5次测试中3次成功，投资者可能就会认为自己发现了"股神"的秘密，如果在交易系统测试中4次投资2次失败，交易者又往往在一个系统刚刚开始发挥作用时就将它抛弃。

因此，股票投资一定要避开小数法则误区，一定要重视样本容量。比如媒体报道说，最近疑似牛市来了，有70%的投资者都在赚钱，看了这则报道请先不要太高兴，因为我们不知道这个结论是记者调查了多少人后得出的，如果只是在某个营业部调查了几个专业投资者，这样的小样本没有说服力，也没有任何参考价值，一般投资者决不可据此数据决定是否入市。

4. 不要用昨天演绎今天和明天

投资是一种在概率环境下的决策行为，这意味着个体的逻辑思维存在很大的不可操作性，你的逻辑推导环节越多，你犯错的概率就越高，因此我们宁愿要模糊的正确，也不要精确的错误。

在做投资时，相比机构投资者，个人投资者会更多地依赖过往的经验进行案例分析和比较，结果往往犯下以偏概全的错误——之前因为某种因素买赚过两次，现在就错误推导为自己的投资过程整体正确。换句话说，很多投资者都在无意识之中以小样本大肆演绎昨天、今天和明天，他们的手比脑更快，看到快速跃动的红绿线，自己的思维决策越来越短期化，于是小数法则起了主导作用，投资者只能在事后不断地发现自己又犯了相同的错误。

很多投资者都热衷于做技术分析，但是技术分析也会受到小数法则的影响。我们做技术分析，是依赖过去出现的走势图形作为分析基础，但是实际上由于过去的走势有其发生的特定条件，抽象程度不够，样本的可比性就很差，很容易陷入小数法则。再比如，投资者重视的压力线和支撑线，这其实就是一种心理底线和心理暗示，我们无法准确预测各种图形出现的可能性，市场对指数点位的判断就是一场情绪波动的正态分布，只是平均数总在随着大盘涨跌而漂移。

我国股市的"消息市"和"政策市"的特征相当明显，股市的投机性也非常强。大户和机构可以凭借他们的资金实力把每股业绩仅有几分钱的股票炒至二三十元的高价，而一些业绩不错的股票，却因为没有庄家的关注而变得股价呆滞——股市行情好时，别的股票股价飞涨，而它们却原地踏步；行情转坏，股票都在跌价时，它们也跟着下跌。正所谓"有庄的股票是个宝；无庄的股票像根草。"中小散户想要在股市里赚到钱，只能千方百计买进有庄家关照的股票。技术分析方法正好在一定程度上能帮助他们"跟庄"，于是，不少中小散户便利用技术分析的方法在庄家吸货时也跟着买进，跟庄家抢筹码；庄家拉抬时，则享受免费坐轿的服务；而在股价的顶部发觉庄家派货时，则由于中小散户筹码极少，能够一下子出清，又可以轻松地出来做一个旁观者，观看庄家慌乱出货的情形。

不过，世界上岂有免费的午餐。变幻莫测的股市不仅是资金实力较量的场所，同样也是智慧和技能较量的场所。因为，在一个不是以股票的内在价值作为投资的根据，而是以图表的形态和技术指标作为买卖理由的股票市场里，人们所做的一切，归根结底只不过是在电脑屏幕上做着图表的赌博游戏——只不过这种赌博游戏被美其名曰为"投资"而已。既然是在做赌博游戏，那么，一部分人的赢利必然是以另一部分人的亏损作为代价。这样，道理便很清楚：庄家们的获利，必然是以被套股民的亏损作为代价；反之，若跟庄的散户们都赢了，则庄家只能以惨败为结局。

既然中小散户们能够利用技术分析方法占庄家的便宜，为了争夺利益，庄家们也发明出在技术图形上制造陷阱的方法，诱使那些靠技术分析方法进行买卖的人上当，从而在庄家吸货时使技术分析者割肉抛出手中的筹码；庄家要派货时，又使技术分析者误以为还有行情而买进，接走庄家不要的筹码。

可见，证券市场存在很多不确定性，有很多陷阱和泡沫，仅凭技术分析很难做到准确把握股票未来发展行情。

即使是在基本面分析和个股分析中，我们仍然可能受到小数法则的影响。比如，我们总会不经意间选取几个小样本来佐证自己的观点——把当前的中国经济跟过去的日本、韩国、美国对比，局限于这几个小样本就隐含着小数法则的谬误。再比如，我们试图在成长股中找到第二个腾讯、第二个苹果、第二个可口可乐，这样做可能是白白花费心思而已，因为伟大公司的成功是很多因素造就的：时间机遇、产业革命、经济周期……很多都是无法复制的。

　　因此，在复杂的投资市场中，我们在不可避免地做概率决策时，一定要时刻提防小数法则，尽量扩大你的分析样本或者谨慎应对有限样本。

CHAPTER 8　小数法则

CHAPTER 9

锚定效应

投资市场上你为什么重复犯错

【锚定效应】当人们需要对某个事件做定量估测时，会将某些特定数值作为起始值，起始值像锚一样制约着估测值。在做决策的时候，会不自觉地给予最初获得的信息过多的重视。

而在金融市场中，数字更加容易被锚定效应操纵——用一个目标价格来描述未来，描述得越远越大，那个数字看起来往往越合理。

1. 关于"初始值"的 3 个故事

对事物进行评价或者判断的时候，我们通常会下意识寻找一个参照物，参照物提供了一个初始值，这就是"锚"。

有一个商贩，想50元卖给顾客一件工艺品，但他一开口要价100元。

顾客嫌贵，掉头就走。这时商贩喊道：80买不买？

顾客不理他，继续往前走。

商贩说：60，赔钱卖给你！

这时，顾客有点儿心动了，忍不住回了一句：50块你还有得赚。

商贩的回答比老鼠夹子还快：成交！

市场上，经常有商家虚报价格，然后再给点折扣把虚高的价格降下来。

这个过程会使买家产生占了便宜的幻觉，从而忽略了这个东西本身的真实价值。

所谓锚定理论，说的就是这个道理：人们会倾向于用一个"初始值"为参照，调整判断，以获得最终估值。这种"初始值"对人的影响非常隐蔽，就像沉入海底的锚一样把人们的思想固定在某处。

康奈尔大学的拉索教授，曾向500名正在修MBA的学生提出类似的问题，他的问题是：匈奴王阿提拉在哪一年战败？

拉索要求这些学生把他们自己的电话号码最后3个数字，加上400，当作这一问题的"基准"数字。

如果得到的和为400~599，这些学生猜测的阿提拉战败年份平均是公元629年。

如果得到的和为1200~1399，这些学生猜测的阿提拉战败年份平均是公元988年。

这些被试学生明明知道他们得到的基准数字毫无意义，可是这个数字却仍然对他们产生了影响。

金融市场上的操纵者，经常利用锚定理论"拉高出货"。

某只股票上市，以6元多的发行价高开到16元，当换手率达到70%的时候，下午戏剧性的一幕上演了，股价一度上涨到50元，最后收于31元。

这种奇怪的走势也许是偶然的，但更可能是人为的操纵。操纵者为什么要把当日拉高，此后又跌停？实际上操纵者是在利用行为金融学里的锚定原理，操纵投资者的心理，

魔鬼金融学

实现自己的诱多意图。

一些股票，本身炒作到20元就到位了，但运作者一定要炒到30元，甚至40元，然后再把价格打到20元。此时的20元价格很容易就出货。如果是直接拉到20元，没有锚定效应，反而不好出货。

国外有所谓"傻瓜卷土重来"（fools rallies）的说法。这其实也是一种锚定效应。在泡沫最终破裂的时候，价格从峰值开始显著下降。但是，在价格最终一泻千里之前，通常有短暂的"傻瓜卷土重来"阶段。

2. 被预设数字影响的判断

锚定效应（Anchoring Effect）的定义是，当人们需要对某个事件做定量估测时，会将某些特定数值作为起始值，起始值像锚一样制约着估测值。在做决策的时候，会不自觉地给予最初获得的信息过多的重视。这是一种非常重要的心理现象。

有这样一个心理学实验。心理学家们带领一些房地产的从业人员参观几间待售房屋，然后请他们估计房屋的价格。而在参观之前，实验人员会打印一份随机生成的同区域"销售数据表"。结果显示，这些专职的房地产从业人员对房屋价格的估计受到了"销售数据表"的操纵。表格里的价格高，相对应的人员给出的估值也高，反之亦然。这个实验表明，人类的大脑极易受到"锚定效应"的影响，即使是具有专业知识和经验从业人员也不例外。

在生活中，我们去商场购物时，看到有商品挂着"特价优惠，限时出清"的牌子，很多人都会忍不住凑上前去。此

魔鬼金融学

时，你并没有意识到，你可能已经落入了锚定效应的陷阱，因为商品原先的标价就给当作定锚，而我们用它来比较打折后的价格，因此感觉很实惠——其实未必是真的实惠。

而在金融市场中，数字更加容易被锚定效应操纵——用一个目标价格来描述未来，描述得越远越大，那个数字看起来往往越合理。比如，在股市3000点时，这个远期目标是5000点，6000点时，它是8000点。

一般来说，这种预设数字的影响是很难规避的，因为我们其实并不知道自己受锚定效应的影响有多大，很难做折中平衡，唯一可行的办法是，你应该有一个自己的心理"价位"，它可以让你保持适度的冷静，并且降低出错的概率。

3. 从锚定效应看股民心理误区

股市中也存在着锚定效应，而且它常常是导致股民亏损的重要原因。

通常来说，股市中存在着两种锚定：

第一种，锚定股票价格和买入成本。这是一种自发的、非常难以摆脱的心理定式。如果股票价格超过买入成本，也就是说股民在一次投资中有收益，那么他就会愉快地在某个时候轻易地做出卖出决定；反之股票价格低于买入成本，有亏损，股民就会感到懊恼，比如在10元买入股票，股价下跌在7元抛售时就会犹豫不决。但是仅仅凭借愉悦或者懊恼的直觉并不能判断我们投资行为正确与否。如果现在一个价值3元的股票以12元的价格交易，买入后跌至8元，持有还是卖出？如果和12元的买入价格锚定，就会继续持有，但是如果和实际价值1元锚定，则会立刻卖出。而现实中，持有高估值股票导致亏损累累的案例实在是太多了。

这种锚定效应给投资者带来的负面影响，是使投资者过于针对于某一价格形成投资决策，而不是根据股票本身的价值做出买卖的决定。在投资中，相信很多投资者都碰到过因为锚定效应而造成的这些问题：卖错了不愿买回来——抛售后，股票强劲上涨，竟然是一只牛股，但是由于不愿意比自己卖出价高的价格再买回来，结果只吃到了"鱼头"上的一点肉；不愿认赔离场而导致更大亏损——股价不断下跌仍不愿意以低于成本的价格抛售股票，甚至试图向下摊平来降低成本，抱着"股价很低可能已经到底了"之类的一厢情愿的想法。要知道投资者认为的"低"，其实是相对于他之前买入的成本，这样做的后果很可能是深度套牢。

还有就是锚定效应在事实上加大了投资风险，比如我们看到的连续上涨的个股，在你关注期间一直在涨，你变得心痒难耐，认为未来还会继续涨。一冲动就进去了，谁知道刚进去该股就回调了，而你仍被这只股票过去连续上涨的思维锚定着，抱着会再涨起来的想法，一直到被深套。这就是我们总是停留在过去的思维中不再往前看，这样就会缺少了对未来的收益和风险的评估。如果一只股票让我们亏了40%，这只股票就会给我们留下"刻骨铭心"的印象，我们因此对这只股票产生抗拒排斥心理，不敢也不愿再投资这只股票，因为我们的思维还被锚定在过去被套的情境中。锚定在过去的思维中失去了对股市未来风险的正确判断。

第二种锚定效应是随机锚定。比如股评人推荐，论坛推荐，小道消息……如果某个随机值或者观点没有被我们大脑负责直觉的系统识别出具有危害性，那么他就会植入我们的意识和思维中，成为锚定值，并且进一步影响你的投资决策。这种锚定是如此隐蔽，甚至连明星基金经理彼得·林奇都曾经中招：彼得·林奇无意中听到了别人的某个观点，植入脑海，形成了锚定效应，结果过早卖出了本来攥在手中的大牛股。

生活中，这种锚定意念植入，我们有太多的时候可能会碰到。比如很多人喜欢混论坛、微博，或者加入相关微信、QQ群，听听别人的观点如何，给自己做个参考。于是每天有大量的观点、大量的信息灌入你的脑海，但是在人群嘈杂的地方，可能对于投资行为而言不会有太多的意义。还记得股市中七亏两平一赚的说法吗？请记住股市中大多数人其实是亏钱的。所以如果要避免第二种锚定效应的影响，就要远离论坛等噪声喧嚣的地方，进行独立思考。

那么，如何来解决锚定效应所带来的判断失准以及避免重复犯错的不理性行为呢？

第一，以股票本身的价值对应目前的股价来判断是否值得持有或者抛售一只股票，而不应该以相比自己买入/卖出的价格改革去做出投资决定。巴菲特说，模糊的正确胜过精确的错误，内在价值就存在于我们常识和长期的统计数据中，毫无神秘之处。巴菲特好像也没有计算过伯克希尔公司的内在价值，而只是用账面净资产这个数字来近似追踪公司的内在价值。比如我们对某个公司，利用均值回归的原理，计算多年的PE、PB或者其他相关指标，就可以得到一个大致的估值区间，谨慎地使用这个区间，就可以当作内在价值的衡量尺度，或者我们也可以参照ROE和PB的数量统计关系，来计算大致的估值区间，同样也可以作为公司内在价值的衡量尺度。工具非常多，只要去行动，总会找个那个合适的，然后到市场上逐步校准，几次下来，你会发现，工具会越来越称手。

第二，彻底忘记你曾在一只股票上赔过或赚过。股票是对股票未来行情的分析和判断，股票涨得越快风险就越大，越跌的股票风险就越小，相对投资的价值就越大，抛弃过去对股票的看法，正确的分析和认识股票未来的走势。

最后，看淡成败回归交易本身，市场没有永远的赢家，也没有永远的输家，当你学着放弃自我辩护，放弃沉没成本的弱观念，那么，那只"锚"栓得也就不那么紧了！

CHAPTER 9　锚定效应

CHAPTER 10

羊群效应

散户如何踏准市场

【羊群效应】个人的观念或行为由于真实的或想象的群体的影响或压力，而向与多数人相一致的方向变化的现象。

从众是一种非常普遍的心理现象，它的具体表现就是"随大流""人云亦云"——只要别人做什么我也跟着做什么，我的行为就是正确的。也就是说，越多的人认为一个想法正确，这个想法就更加正确——这当然是荒谬的。

1. 疯狂的郁金香投资

查尔斯·麦凯在他的经典《大癫狂》（民主与建设出版社）中讲述了这样一个关于群体性癫狂的投资故事：

16世纪，西欧出现了一场郁金香狂热，荷兰、德国的那些中产阶级对郁金香都有极强的占有欲，无论是大商人，还是小店主，甚至是经济情况一般的人，为了拥有更多郁金香的珍奇品种，也会不惜重金去抢购。

那么人们疯狂到了什么程度呢？我们来看看麦凯的描述：

1634年，荷兰人把过多的精力都放在对这种花的占有上，甚至因此连国家普遍存在的人口问题和工业问题都置之不理。在那个时候，就连生活在社会最底层的人也来做郁金香生意。郁金香贸易越来越火，价格也随之水涨船高。到了1635年，很多人甚至愿意花10万弗洛林的高价去买40枝花。其后，郁金香交易也顺理成章地演变为销售。这个时候的计量单位是波里兹（perits），一个比厘还小的计量单位。被称为里夫肯上将的郁金香品种，400波里兹的价格高达4400

弗洛林；范·德·埃克上将，446波里兹，价格是1260弗洛林；切尔德，106波里兹，价格是1615弗洛林；总督，400波里兹，价格是3000弗洛林；最珍贵的还要数奥古斯特，每200波里兹的最低价甚至达到了5500弗洛林。奥古斯特这种郁金香可以说是人们最梦寐以求的品种了，即使是最不好的球茎也可以卖到2000弗洛林。1636年初，整个荷兰甚至只有两株，一株在阿姆斯特丹一位商人的手中，另一株在哈勒姆。人们为了得到这两株稀世珍宝，甚至搞起了投机。有人甚至愿意用12英亩的地产来换取哈勒姆的那一株，而阿姆斯特丹的那株则被人用4600弗洛林，外加两匹马、一辆新马车和全套马具购得。

群体效应让整个国家陷入了疯狂，人人都开始做起来郁金香投资买卖，甚至很多不在荷兰的人也在郁金香价格炒到最高的时候，在群体的鼓噪下赶回荷兰，盲目地加入到对郁金香的疯狂追逐中，参与到郁金香贸易中。

人们争先恐后地涌进郁金香市场。最终，郁金香市场上的赌徒们有如爬满蜜罐的苍蝇，密密麻麻。每一位投机者都期望大家对郁金香的疯狂追逐能够永远持续。世界各地的富翁也纷至沓来，毫不犹豫地一掷千金买下天价郁金香。欧洲的富翁涌向荷兰北部海岸，将贫穷给消灭了。贵族、市民、农民、机械工、水手、男佣、女佣，甚至烟囱清洁工和洗衣的老妇人也都进入了郁金香交易市场。不同阶层的人都把他们的财产变成了现金，进入交易市场。房产被人以非常低的价格卖出，或者以很低的价格进行抵押。

外国人在这场对郁金香的疯狂追逐中也变得神经错乱，他们把自己的财产从世界各地带到荷兰。生活必需品价格节节攀升，房子、土地、马、马车以及各种奢侈品也随着郁金香的价格水涨船高。有一段时间，荷兰可以说就是财神爷的接待站。郁金香的交易也逐渐发展到了一个十分普遍但又非常复杂的阶段，亟须制定一部法律来进行规范。因为政府的职员以及政府任命的公证员也在纷纷进入郁金香交易市场。在有的地方，人们不知道有公证条款，但却知道有郁金香的公证。在部分没有交易所的小城镇，各路人就云集在一些稍微大一点的酒店讨价还价。这种昂贵的聚餐有时会吸引两三百人。酒店的桌子和过道会整整齐齐地摆放着一盆盆正在绽放的郁金香，成为席间让人心旷神怡的风景。

不过，后来有些细心的人发现，这种对郁金香的狂热追逐不会永远持续。于是，富翁们不愿意再花高价买郁金香种到自家的花圃里，而是选择以100%的价格售出自己占有的郁金香。在最终肯定会有人破产的消息传出后，郁金香价格不再坚挺，出现了下滑，从此一蹶不振。由于人们对郁金香的价格不再有信心，投机者越来越感到不安和恐惧。张三开始同意以每株4000弗洛林的价格从李四那里买10株萨姆波·奥古斯特。可没想到的是，合同签订6周后，花价就降到了三四百弗洛林一株，李四准备供花，张三却拒绝李四的履约，即便是降价也不肯接受。荷兰的每一个城镇也因此不得不每天传讯很多类似的违约者。人们开始发现，贫困在向他们袭来。当时出现了这样的情况，即便是有人愿意以四分之一的买入价卖出自己的郁金香，也没有人愿意买了。

就这样泡沫破裂了，付出了最高代价的就是那些从众的"羔羊"，他们倾家荡产，流离失所。这就是群体效应留给我们的严厉教训之一。

2. 所罗门·阿希的心理实验

羊群心理是最难跳脱的。

一位商业大亨死后进入天堂，等他进入天堂后，发现这里似乎已经没有什么好位置了。于是他灵机一动，喊了一声："地狱里发现黄金了！"

这一喊，天堂里的人们都纷纷向地狱跑去。

大亨得意扬扬地找了个好位置安顿下来，过了一会儿，大亨莫名地有些不安起来：大家都跑了过去，莫非地狱里真的发现黄金了？

于是，他也急匆匆地向地狱跑去。

这个笑话虽然听起来有点荒谬，但这就是人们常说的"羊群效应"，有时也被称为"从众心理"。

在社会生活中，从众是一种非常普遍的心理现象，它的具体表现就是"随大流""人云亦云"——只要别人做什么我也跟着做什么，我的行为就是正确的。

也就是说，越多的人认为一个想法正确，这个想法就更加正确——这当然是荒谬的。在投资、管理、时装、业余活动、宗教和节食里都存在从众心理。

美国心理学家所罗门·阿希曾做过这样一个心理学实验：他邀请一些大学生参与实验，这些志愿者被事先告知，该实验的目的是研究人类视觉误差的。

当一名志愿者走进实验室时，发现已经有五名志愿者等在那里了，然而他不知道的是，这五名志愿者其实都是阿希的实验助手。实验开始后，阿希拿出一张画有一条竖线的卡片，让大家比较这条线和另一张卡片上的三条线中的哪一条线更长，这是一个非常简单的判断，因为三条线的长短差异非常明显。

经过两次判断后，五名假扮志愿者故意做出了同一个错误选择。五名助手的态度对真正的实验者产生了影响，真正的志愿者陷入了混乱，面对着差异明显的线条，他是坚定地相信自己的眼睛，还是说出一个和其他人一样，但自己认为并不正确的答案呢？这个实验共进行了18次，结果发现，平均有33％的人做出的判断是从众的，有76％的人至少做了一次从众的判断。而在正常情况下，人们判断错的可能性不到0.1％。

导致从众心理即羊群效应产生的因素有很多，比如群体因素，群体规模大、凝聚力强、群体意见的一致性等，都容

魔鬼金融学

易使个人产生从众行为；再比如情境因素，因为信息的模糊性或者受权威人士的影响，人们就容易产生从众心理学；当然，还有个人因素的影响，人格特征、性别差异与文化差异会导致从众心理的强弱不同。

CHAPTER 10　羊群效应

3. 股灾的发生与羊群效应

美国1929年的"大萧条"时，几天前还在做着发财梦的交易者发现：所有的希望都化作泡影，崩溃的惊人程度，远远超出他们内心最深的恐惧。"当时的市场就像一只生性残忍的野兽，对那些想驾驭它的人，发起野蛮而无情的报复"。

恐惧感会驱动非理性萧条，它的心路历程大致如下：

进入下跌阶段时，基本面开始变化，人们过于乐观的预期被突然打破，股市开始下跌。

但是，经过长期的牛市行情投资者会产生"庄家的钱效应"。庄家的钱效应是指在赌博产生收益效应后，人们倾向于接受以前不接受的赌博。因为心理账户的作用，即使赌输，痛苦往往较小。

可是，伴随着股市的下行，越来越多的投资者开始意识到市场绝非原先认为的那么乐观，悲观情绪开始出现。

熊市的后期，长期的萧条使得人们产生了趋势持续的预期，即使股价体现了其内在价值，但场外资金依然不敢进入。

同时，筹码持有者由于账面亏损的"蛇咬效应"，对股价的定位产生巨大的改变，可谓"一朝被蛇咬，十年怕井绳"。

当股价已经"低到下水道了"，由于抄底资金的介入，股价有所回升。成本较低的投资者倾向于在略有亏损时出局，而不会在意此时股价是否匹配股票的价值。

长期的下跌同样改变了股民的"锚定点"，"损失厌恶"在此再次发挥效应，随着股价的上升，不断有接近其成本区的投资者选择抛售。

反弹很快就被非理性的抛盘镇压下去。这时出现了波浪式的下跌。

在下跌行情中，人们开始逐渐认为下跌是常态，而上涨只是偶然，市场的总体悲观情绪又会通过"羊群效应"进一步放大。

市场的大底是由长线的价值投资者造就的，唯有当有较大的一批资金开始不在乎短期的波动而进入股市时，才可能结束绵绵的下跌趋势。一个特定市场中坚定的价值投资者的数量是不确定的和难以估计的，并且只有这批价值观相同的人在较集中的时点上共同进入股市，才能对趋势产生作用，这就造成了大盘暴跌时的下跌幅度和节奏难以估计。在一个趋势投资盛行的市场，在长期下跌之后，很少有人会脱离"羊群"敢于逆势而为，其结果就是股市往往会下跌到一个离谱的点位。如格林厄姆1929年美国股市泡沫破灭后在1931年抄底，结果破产。

费雪已经预见1929年股市泡沫破灭，但是，还是买入自认为是便宜的股票，结果几天之中损失了几百万美元。股神巴菲特也曾在买入股票后账面损失达到50%。他们都是著名的投资家，但在非理性面前，任何理性分析都难以预测非理性造成的冲击和波动。

非理性是人类难以克服的弱点，个体的非理性的累加造成了整体市场的非理性波动，贪婪与恐惧的存在使得价格和价值会产生巨大的偏差，而具体时代背景、人文环境等的不同造成了市场总体心理状态的不同，因此对于即便相似的基本面市场总体的反映也不尽相同。流行的技术分析究其根本是对过去发生事件的统计总结，并试图通过概率指导投资。但参与者在不断变化，参与者的数量和市场中交易的股票也在不断变化，此外不同股票可能吸引不同的具有特定行为特征的投资者，这使得在另一个股票上的数据分析变得钝化。资本市场是由无数投资者和投机者共同构成的博弈场所，因而对于资本市场脱离基本面因素的非理性波动唯有从行为金

融学的角度来研究和审视。行为金融学无法精确地为投资预
测价格的波动和走势，但却可以在分析投资者心理和大众预
期的基础上来研究判断资产价格波动的发展阶段。从投资的
战略角度来把握一轮行情的发展，发现机会，规避风险。

4. 炒房、炒股的从众迷思

在房价的持续上涨或下跌过程中，如果投资者够理性，彼此相互独立，那么正确或错误的思想对房价造成的影响将可能相互抵消，其结果不会导致房价的暴涨或暴跌。

然而更经常的情况是，大多数投资者在房价持续上涨或下跌过程中失去理性，有限的能力和特定的行为极易产生盲目的从众行为，导致过度狂热或恐慌情绪，从而追涨或杀跌。

财经类文章中，经常用"羊群效应"来描述经济个体的从众跟风心理。

羊群是一种很散乱的组织，平时在一起也是盲目地左冲右撞，但一旦有一只头羊动起来，其他的羊也会不假思索地一哄而上，全然不顾前面可能有狼或者不远处有更好的草。因此，"羊群效应"就是比喻人都有一种从众心理，从众心理很容易导致盲从，而盲从往往会陷入骗局或遭到失败。

心理学实验表明，人们不能做出完全独立的判断，当大

魔鬼金融学

部分人都做出相同判断时，行为主体认为这个结论很可能是正确的，所以也做出相同的判断。这种行为称为羊群效应或从众效应。

导致出现"从众效应"还有其他一些因素，比如，一些投资者可能会认为同一群体中的其他人更具有信息优势；也可能由系统机制引发，例如，当资产价格突然下跌造成亏损时，为了满足追加保证金的要求或遵守交易规则的限制，一些投资者不得不将其持有的资产割仓卖出。

在投资股票积极性大增的情况下，个人投资者能量迅速积聚，极易形成趋同性的从众效应，追涨时信心百倍蜂拥而至，大盘跳水时，恐慌心理也开始连锁反应，纷纷恐慌出逃。

凯恩斯则指出："从事股票投资好比参加选美竞赛，谁的选择结果与全体评选者平均爱好最接近，谁就能得奖；因此每个参加者都不选他自己认为最美者，而是运用智力，推测一般人认为最美者……投资收益日复一日的波动中，显然存在着某种莫名的群体偏激，甚至是一种荒谬的情绪在影响整个市场的行为。"

美国社会心理学家费斯汀格在描述从众行为时指出：当遇到冲突时，我们的思想会潜意识地剔除那些与整体关联性最弱的看法，不自觉地寻求平衡。可见，从众行为是出于归属感、安全感和信息成本的考虑，散户会采取追随大众和追随意见领袖的方针，直接模仿大众和意见领袖的交易决策。

爱默生所言不虚："在人世间随波逐流地生活不难；在独处时固守己见地生活不难。而只有伟人才能在茫茫人群里尽享独处的自主。"

5. 如何做一个逆向交易者

　　华尔街交易经典《股票作手回忆录》（立信会计出版社）中讲了这样一件事：

　　1906年春天，美国历史上最著名的投机人、交易大师杰西·利弗摩尔去大西洋城度假。有一天，杰西·利弗摩尔跟朋友一起来到一家公司看股票行情，当时市场正在牛市行情中，大盘走势强劲，大部分股票都在上涨。杰西·利弗莫尔注意到了股价很高、又正在上涨的联合太平洋铁路，"应该卖出这只股票！"利弗摩尔脑海中出现了这样的强烈想法，因此尽管没有任何做空理由，但他还是以市价卖出1000股，不久就卖出第二笔1000股，然后第三笔1000股……他的做法让经纪感到非常吃惊。第二天，这只股票仍在上涨，利弗摩尔又卖出2000股。在利弗摩尔做了5000股空头的时候，联合太平洋铁路公司的股票仍然居高不下，身边的朋友有点替他担心。结果在第三天，联合太平洋铁路公司的股票一落千丈，于是傍晚未过，利弗摩尔已经成为了百万富翁。

事后利弗摩尔这样解释了自己的交易行为：在整个市场表现十分强劲，又没有任何理由的情况下，放空这么多股票确实有点冒险。可是，在当时自己已经强烈感受到了大众的看法已达到极端不合理状况，于是果断采取了逆向投资策略，"我挑中联合太平洋铁路，是因为这只股票被人炒作的太厉害了。"

中国股市向来有"七亏二平一赢"之说，我们必须承认，股市不是大部分人都能赚钱的地方。很多时候只有跟大多数人逆向而行，你才能在这场游戏中胜出！

在股票市场的成功买卖中，25%依赖于金融学、经济学知识，75%靠的是心理。也有人说，股票市场是专门针对人性的弱点设计的。上述说法确实很有道理，在股市中人性的贪婪与恐惧总是表露无遗：一窝蜂的担惊受怕，一窝蜂的狂热追涨……很多股民都被这些情绪支配着进行着自己的买卖交易，但结果是什么呢？太多人买在高峰，卖在低谷——他们在本该害怕的时候满怀希望，本该振奋的时候却惊恐不宁。于是，一个奇怪的现象产生了：很多股票在几十元、上百元时有大量资金敢于买入持有，而跌到了只剩高峰价的零头时，却成交量清淡。于是我们看到，历次在市场处于恐慌性抛盘时敢于大胆买入者，最后都成为了获利最稳定、最丰厚者。这就是为什么股市长期赔多赢少。羊群效应在历年的

魔鬼金融学

股市波动中，已经使无数投资者血本无归。我们要最大程度地剔除自己的非理性情绪，建立一点逆向思维：当大盘被看好的观点占满媒体版面时，多数情况下大市已经离见顶不远；而当媒体和大众已经长时间没有去理会市场低迷的消息时，可能正是黎明的前最黑暗的一刻。因此，投资者在实际操作中要关注多数投资者对市场的判断，并在极端的情况下采取同绝对多数相反的意见。

CHAPTER 11

专家预测比不上简单运算

如何长期跑赢市场

【专家预测比不上简单运算】人类在处理复杂信息时呈现出不可救药的不一致。当人们被要求就同一问题做出多次判断时，他们经常会给出不同的答案，因此在面对复杂问题时，一个简单的公式或者系统往往比人类，甚至是专家的判断要可靠的多。

专家们在不同时间会做出不同的预测，而在市场明晰的时候，他们又会挑选自己之前做出过的正确的判断，而有意或者无意地忽略那些错误的预测，以此来证明自己高于常人的预判力。

1. 基金经理了不起的"业绩"

行为经济学家马修·拉宾曾假设：如果你是一位投资者，你亲见一位基金经理在过去两年中的投资业绩好于平均情况。你是否就会得出这位经理要比一般经理优秀的结论？然而真实的统计意义非常微弱。

让我们来看一种传统忽悠伎俩。

某位基金经理，非常善于忽悠。

第一周他寄10000封信，预言甲股票的涨跌。其中5000封说某只股票涨，5000封说跌。

第二周，这位基金经理向其中说对的5000人再寄一封信，其中2500封说乙股票涨，2500封说乙股票跌。

第三周他再向说对的2500人发短信，其中1250封说丙股票会涨，1250封说丙股票会跌。

最后有1250人，发现这位基金经理连续3次说对了，简直太了不起了。其中有500人真的把钱交给他投资了。当然，如果赚钱是要分成的。

基金经理拿到钱后会做什么呢？他会给这500个不同的账户各买一只股票，尽量让这些股票各不相同。一段时间过后，股票有的涨，有的跌。

如果一个人的账户买了一只涨的股票，他对基金经理就会更加信赖，甚至还会追加投资。

假如碰到一个大牛市，大部分时间里，大部分股票上涨概率大大超过下跌。因此，基金经理的这种模式是非常有"钱"途的。

假如来了个大熊市，大部分股票在大部分时间下跌超过上涨，基金经理也不用负责。

这可能就是你所相信的专家预测。

在现实中，我们从网络上、从新闻媒体中可以看到很多专家在做各种金融投资预测，对于牛熊市、个股股价，房价走势，经济增长等各种金融和经济问题做出判断和预测，并且有理有据，看起来很高深的样子。那么，这些专家的预测靠谱么？

虽然专家的预测不会像故事中"基金经理"那么荒唐，但是也不是很可靠。留心一下就会发现，专家们在不同时间会做出不同的预测，而在市场明晰的时候，他们又会挑选自己之前做出过的正确的判断，而有意或者无意忽略那些错误的预测，以此来证明自己高于常人的预判力。更多的时候，专家会给出一些模棱两可的建议，比如"按照目前的趋势，股市将维持上涨，但是也不排除一些意外因素带来干扰"。这种谨慎的乐观，其实是一种两边下注。当然，有时候专家的预测确实很准确，甚至连续几次给你带来帮助，但是从长期来看，专家的预测常常是失灵的，道理很简单，如果真的持续有效，市场上大多数人就是赚钱的了。

CHAPTER 11　专家预测比不上简单运算

2. 乔尔·格林布拉特神奇公式

如果你不知道乔尔·格林布拉特（Joel Greenblatt）是谁，那么现在就要牢牢记住这个名字，因为他为投资人画出了一个"神奇公式"，利用这个公式可以持续地战胜大盘。顺便说一句，在投资界如果我们一定要找一个简单的投资公式，那么就是这个了。

作为戈坦资本公司（Gotham Capital）的创始人和合伙经理人，格林布拉特运用这一"神奇公式"，帮助公司在成立后的二十余年时间里获得了30%以上的年均回报率，确切地说，是在不动用杠杆的情况下，从1000美元到83.67万美元，远远跑赢标杆股指的同期表现，甚至比巴菲特也毫不逊色。

1980年，格林布拉特在宾夕法尼亚大学沃顿商学院获得MBA学位，随后他加入了一家刚成立的对冲基金，主要做风险套利和事件驱动方面的投资。1985年，格林布拉特以700万美元的启动资金创建了自己的对冲基金，取名为戈坦资

魔鬼金融学

本，在他天才的操盘下，戈坦资本在1985年成立至2005年的二十年间，资产规模从700万美元增到8.3亿美元，堪称华尔街的一项投资奇迹。

一时间，大家都想探寻格林布拉特如何能够取得如此超常的战绩？2005年格林布拉特给出了答案：他将自己的投资经验浓缩为一个简单易懂的"神奇公式"，这个神奇公式说起来就很简单了——从资产收益率高和市盈率低的综合排名中，选择前20~30只股票，形成一个组合，分别买入并持有一年后卖出。令人难以置信的是，如果遵循格林布拉特的投资方法，投资者的投资组合回报率将远超过同期标准普尔500指数的年复合回报率。

对于投资者来说，格林布拉特的神奇公式可能是将简单与专业相结合的最好用的方法了，但是在实际操作中我们发现仍然存在很多问题。比如神奇公式本质上是依靠ROTC和EBIT/EV这两个财务指标定量地寻找投资标的，而定量分析的前提条件就是获取高质量的数据。如果ROTC和EBIT/EV这两个财务指标的数据不能最大程度地反映高收益率和低市盈率，那么，神奇公式就很可能误导投资人。再比如"神奇公式"也并非万能的，我们最方便找到的反例就是在2008年的金融危机。金融危机中，通过该公式选出的股票在2008年下跌的幅度几乎和整体市场一样多。

专家的预测精度确实要高于普通人，但是我们也应该注意这样一句话——"一旦有了一定的基本知识，那么更深的行业知识对于提高预测的准确率没有任何帮助"。反而很多时候，通过寻找统计学特征，我们可以更好地做投资。

3. 为什么投资要懂点统计学

诺贝尔奖得主丹尼尔·卡尼曼曾经指出："人类在处理复杂信息时呈现出不可救药的不一致。当人们被要求就同一问题做出多次判断时，他们经常会给出不同的答案。"越来越多的研究表明，在面对复杂问题时，一个简单的公式或者系统往往比人类，甚至是专家的判断要可靠的多。

普林斯顿大学计量经济学家奥利·阿什菲尔特教授通过天气的三个特征：夏季生长期的平均温度、丰收期的降水量以及上一个冬季的降水量——来预测葡萄酒的价格。他研究了1952至1980年期间波尔多地区的气象资料，对照拍卖行的波尔多葡萄酒价格曲线，利用计量经济学上的横截面数据回归分析法，推导出一条葡萄酒品质公式：

葡萄酒品质 = 12.145 + 0.00117 × 冬季降水量 + 0.0614 × 生长期平均气温 − 0.00386 × 采收期降水量

这是一个非常奇妙的公式，投资者把任何产区、任何年份的气象数据代入这个公式，都能推算出该产区该年份的葡萄酒品质，品尝期酒不再是一种必要行为。这个公式有多灵验呢？阿什菲尔特曾在1989年的波尔多葡萄酒刚转入橡木桶不久，就成功地推算出1989年的品质超过1961年；1990年的葡萄采收不久，阿什菲尔特又算出1990年的波尔多超过1989年。

1952年马克威兹发表了一篇论文，题为《投资组合选择》，该理论框架主要思想是将方差用于量化风险，并以此为基础建立风险—收益分析框架，成为现代投资组合理论的开山之作。

近些年来，传统的MBA不再是华尔街的宠儿，有统计背景、数理能力强的人才反而变得十分抢手。华尔街取才原则的转向，也从侧面反映了金融投资的未来潮流。随着大数据时代的到来，数字已成为传递信息最直接的载体，大量的数学与统计工具将在分析研究中发挥不可或缺的重要影响。

统计学的基础，就是根据以往发生的情况，来推断下一波事件发生的规律。而这些适用于任何领域，并逐渐成为发展的基石，股票市场也不例外。我们知道A股市场经过26年的"新陈代谢"，到2016年12月一共有3000余只股票参与交易，从样本数量及时间长度上来看，都出现了统计学意义；而对于个股来说，不管从短线还是中长线角度出发，只要交易都会有概率的问题。

　　因此，投资者应该努力掌握一点统计学知识，逐步建立自己的交易系统，最终符合统计学的要求，形成统计学的优势。当你做到了这一点，你就会发现自己已经具有了独特的投资优势：你的心理状态将会非常稳定，因为在配置一个股票的时候，你就已经知道，你要面对统计学上的结果，不论是有4个股半年内下跌超过20%的冲击，还是一个股一日内涨过20%的喜悦，都能坦然面对。更重要的是，你将学会用统计学的视角，来思考和尝试更多的胜率，比如在同样的条件下，低估值的市场，长期收益率更高；稳定分红回购+业绩增长的股票，业务真实性高，胜率高等。

　　即使对于那些非专业出身的读者来说，学会一点统计学知识也并非是一件困难的事情，我们可以从网上学习一些基础的统计学知识，也可以找一些简明的可自学的统计学读物来学习，比如帝京大学小岛宽之教授的《你一定爱读的极简统计学》（台海出版社）。总之，我们应当重视统计方法在投资理财方面的应用，做一个跟得上节奏的投资者。

4. 巴菲特的投资"预测"

"股神"巴菲特素有"奥马哈的先知"之誉，他所做的各种成功投资也为人们津津乐道。那么，巴菲特对市场预测的态度是什么呢？一般来说市场预测的目的，是预测出市场的波动，进而控制风险战胜市场。而巴菲特认为，预测市场不但愚蠢而且危险，他宁愿要模糊的正确，也不要精确的错误。

在巴菲特1957至今的致股东信中，巴菲特多次谈到了他对市场预测的态度。

"我无意于预测股票市场，我主要的精力是寻找被低估的证券。"（1958年）

"我们认为去测量大盘的波动情况并试图预测其未来走势的做法，在长期而言是很愚蠢的做法。"（1963年）

"我们深信对股票或债券价格所作的短期预测根本是没有用的。预测这件事或许能够让你更了解预测者本身，但对于了解未来却是一点帮助也没有。"（1980年）

　　在巴菲特看来，做投资是一件简单的事，一般人只要掌握两项知识就够了：一是如何评价企业内在价值，二是如何思考股票市场价格。从巴菲特的投资生涯中，我们能找到很多这样的例子。

　　1973年，巴菲特开始投资《华盛顿邮报》，他大量购进股票，在他看来这是一项非常不错的投资，因为当时的买入价格还不到企业内在价值的1/4。而且当时的《华盛顿邮报》经营状况良好，处在不断上升的通道中，而它的股价却在不断下跌，成为了一个被人忽视的价值洼地。最后，巴菲特总持股数为93.4万股B类股，占公司12%的股份，买入均价为11.3美元，总购买价为1060万美元。事实上，从1973年到1974年间，《华盛顿邮报》的股票价格仍在不断下跌，巴菲特所持股票的市值也从1060万美元下跌到800万美元，亏损了两百多万美元，但是巴菲特毫不在意，他选择继续持有。1985年，巴菲特在致股东信中，详细阐述了他购买华盛顿邮报的原因。他认为报纸类公司具有经营垄断性，具备持久竞争优势，根据未来现金流折现的价值估算方法，该公司内在价值约为4亿到5亿，但市场价格当时不足1亿美元，具有非常大的折扣和安全边际。在1985年底，巴菲特当初以1060万美元购买的华盛顿邮报股票市值已经大幅跃升至2.2亿美元，总收益率约为21倍，年均复合收益率约为28%。

巴菲特后来特别强调说，了解并计算这只股票的股价和价值的比率，并不需要特别的洞察力和预测能力，大多数证券分析师、股票经纪人、传媒公司管理层都能轻而易举做到这一点。但是就是这样一个简单的事实，还是有那么多投资者都看不到：大量的投资者更喜欢对市场的涨跌进行预测，对市场中的某些现象反复研究，最后屡战屡败。

谁能知道上帝在证券市场上掷骰子时的心思是怎样的呢？试图预测市场是一件非常困难的事：一是投资者不可能总是理智的。按照有效市场理论，投资者使用所有可得信息在市场上定出理智的价位。然而大量行为心理学的研究表明投资者并不拥有理智期望值；二是投资者对信息的分析不正确。他们总是在依赖捷径来决定股价，而不是依赖最基本的体现公司内在价值的方法；三是业绩衡量杠杆强调短期业绩，这使得从长远角度击败市场的可能性不复存在。

"三十年来，没有人能够正确地预测到越战会持续扩大、工资与价格管制、两次的石油危机、总统的辞职下台以及苏联的解体、道琼斯指数在一天之内大跌508点。在往后的三十年间，一定还会有一连串令人震惊的事件发生，我们不会妄想要去预测它或是从中获利。"让我们牢记巴菲特的警告吧！

那么，对于专家预测、股评人分析，我们这些普通的投资者应该如果对待呢？

首先，应该抱着学习而不迷信的态度，我们可以从专家那里学习一些知识和信息，但是对于专家对于未来的预测，我们要谨慎对待。

其次，分散风险，不要寄望于一两个专家。可以多看、多听、多想，考虑到不可能的可能性。

最后，不能因为几次预测成功就将一个专家奉为神，古往今来，在各种政治经济事件中，运气对于结果都有很大的影响作用，现在我们将之成为概率，承认概率的存在，是对客观世界的一种尊重。

总之，我们应该明白专家的局限，不能迷信专家，更不要盲目听从专家所谓的建议和预测。

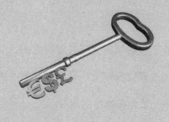

CHAPTER 12

过度自信偏差

投资的"杀手"，可怕的幻觉

【过度自信偏差】金融学四大研究成果之一，个体认为自己所拥有知识的精确度要比实际上所具有的精确性更高，所以他们对事件发生概率的估计总是走向极端。

人们常常认为自己可以对一些不可控制的事件施加一定的影响，特别是当我们在某个领域取得了一定的成功、掌握了更多的信息和知识、主动选择亲自参与的时候更是如此。

1. "败走麦城"的井深大

过度自信偏差是一种常见的心理现象，是人们对自身知识认知发生偏差时出现的。这是一个我们必须承认的事实：人是过度自信的，我们倾向于系统性地低估某类信息并高估其他信息，认为自己知识的准确性比事实中的程度更高，即对自己的信息赋予的权重大于事实上的权重。由于过度自信，人们往往过于相信自己的判断能力，把成功归于自己的能力，而低估随机性在其中的作用，并且会因此遭遇意外的失败。

塔勒布就曾在《随机漫步的傻瓜》一书中写道："你的成功不见得是因为比其他人高明，而很可能是运气的结果。"他认为，一个成功的企业家和牙医相比，其实牙医的富贵会更加长久，因为牙医的职业生涯几乎没有什么风险，而企业家则有可能受到各种随机事件的影响，随时会有失败的风险。

这是索尼的一个失败案例。

1945年，日本在第二次世界大战后，首都东京尚是一片废墟，盛田昭夫和井深大在东京日本桥地区的百货公司仓库成立了索尼公司前身——"东京通信研究所"。

在盛田昭夫和井深大的努力下，1957年索尼生产出了第一台袖珍晶体管收音机。

1961年，井深大和盛田昭夫在纽约参加了一个由电子和电气协会主办的贸易展。在那里，他们在一台电视机屏幕上看到了从未见过的最清晰和明亮的图像。这种彩管被称为Chromatron，最初是由诺贝尔物理学奖获得者劳伦斯为美国军方发明，后来转为民用。Chromatron的专利拥有者是自动化实验室。

盛田昭夫从该实验室购买了此项技术许可，来生产一种围绕这种显像管设计的彩电。井深大用了两年时间来发展一个商业标准和过程技术。

到了1964年9月，井深大领导的团队成功地造出了样机，但并没有发展为商业化的生产过程。

井深大既自信又乐观。他在索尼的展示会上发布了该产品的消息并展示了这款产品，消费者反应强烈。索尼甚至投资了一批新设备来组装Chromatron。

井深大宣称Chromatron将会是索尼的主打产品。他在装配线上安排了150个人，但生产线每生产1000个产品只有

2～3个是可以用的。这种彩电的销售价格是550美元，但生产成本却是价格的2倍多。

索尼的决策层对应采取的举措存在严重分歧：盛田昭夫想要终止Chromatron项目，然而，井深大却拒绝了。

索尼继续生产并销售这种彩电，最终销售了13000台，每台的利润为负。

1966年9月，索尼的财务经理宣称索尼已到了破产的边缘，直到那时，井深大才同意终止这个项目。

在这个索尼败走麦城的案例中，我们至少可以看到两种行为陷阱——过度自信和损失厌恶。

井深大是一名技术高手，对自己的技术问题具有高度的自信，在工程师设计出成本较低的生产流程之前就将Chromatron大量投产。

损失厌恶也起了作用，因为当损失增多，井深大继续该项目的投资并且不愿意接受一个既定的损失，他宁可搏一搏是否有解决方案。

行为金融学在公司财务中还有其他运用。例如，过度自信的CEO可能低估拖欠的可能性，结果选择了一个债务负担过重的资本结构。严重时可导致资金链的断裂。

CHAPTER 12 过度自信偏差

2. 谁给了你过度的自信

吉姆·罗杰斯讲过："在股票市场里很多人都犯同一个错误：买了某种股票，看它涨了，就以为自己聪明能干。他们觉得买卖股票容易得很。他们赚进了很多钱，就迫不及待地开始寻找其他投资。其实这个时候他们应该什么都不干。自信心会导致骄傲，最终导致狂妄自大。其实此时你真的应该把钱存进银行，到海滨去玩上一段时间，直到自己冷静下来。因为好机会本来就不多，更不会接踵而来。但是，你并不需要很多好机会，如果你不犯太多错误的话。"

"过度自信"是一种最常见的一种认知偏差——别说普通投资者，甚至是那些很有自知之明的人，其实也难以避免。

当房地产价格的上涨与投资者的私人信息吻合时，往往导致投资者的信心膨胀，因为过去房价的走势进一步提高了房价上涨的预期。投资者的过度自信以及过度反应往往把房地产的名义财富增长当作实际增长，把房地产财富增长当作永久收入增长，从而扩大消费支出。

控制错觉是产生过度自信心理的重要原因。人们常常认为自己可以对一些不可控制的事件施加一定的影响，特别是当我们在某个领域取得了一定的成功、掌握了更多的信息和知识、主动选择亲自参与的时候更是如此。当我们把某种自身的特长和股票投资以某种特定的方式联系在一起的时候，我们会产生过度自信的心理。

因此，很多时候过度自信会出现在自己擅长的专业上。几乎从事各种职业的人都存在过度自信，在物理学家、临床心理学家、律师、谈判人员、工程师、企业家、证券分析师、驾驶员等的自我判断过程中，都观察到了过度自信现象。

研究证明，我们的大脑结构使我们过度自信。研究者曾问被试者一系列问题，例如，调查人们对自己的驾驶能力的判断，答案包括"一般""超过一般"或"低于一般"。超过80%的人相信自己的水平超过一般，而不是低于一般。

一个对自己没有任何信心的人是不会去投资的，更不要说投机了。作为投资者，必须避开过度自信的心理陷阱。

研究表明，过度自信的投资者会频繁交易。

心理学家发现，在男性化的职业范畴，比如体育竞技、组织领导、财务管理等，男人比女人有着更严重的过度自信。因此，男性投资者比女性投资者交易更加频繁。

单身男性投资者又比已婚男性投资者交易更加频繁。

经济学家布拉德·巴伯和特伦斯·奥迪恩的调查显示，单身男性的账户年周转率平均为85%，已婚男性的账户年周转率平均为73%。

在巴伯和奥迪恩的另一项研究中，他们取样1991—1996年的78 000名投资者，发现年交易量越高的投资者的实际投资收益越低。过度自信的投资者更喜欢冒风险，同时频繁的交易也导致交易佣金过高，还会导致投资者卖出好的股票而买入差的股票。

再做一个测试：

假设有四张卡片平放在你面前的桌子上，在卡片的一面有一个字母，而另一面有一个数字，假设你看到四张卡片：A、B、2、3。

假如你被要求去检验下面关于这四张卡片的假设：

所有一面是元音字母的卡片，另一面是偶数。假如你被要求去挑选这些卡片，而且只有这些卡片能判断假设是真的，你会去翻开四张中的哪一张去证明该假设？

对于这个问题，大多数人翻开带有A的卡片，一些人翻开了带有2的卡片。

事实上，这个测试的正确答案是翻开带A和3的卡片。

因为证明假设有效的有效方法是翻开可能证明假设不实的卡片，依次考虑每张卡片的可能反证。

假设你翻开了"A卡片"，你会发现背面有一个偶数或奇数。如果你看到的是偶数，就有了支持原假设的证据；如果你看到的是一个奇数，就会知道原假设是错误的。

接着，假设你翻开"B卡片"，这张卡片不能提供判断原假设正确性的任何证据，因为原假设没有提到卡片上有辅音字母的情形。

现在来考虑卡片上带有2的情况。如果你翻开这张卡片，你可能看到一个元音字母，这与假设是一致的；也可能会看到一个辅音字母，这与假设无关，因此这张卡片对反证毫无意义。

最后，假设你翻开了"3卡片"。如果看到一个元音字母，你就知道原假设是错误的，而辅音字母对证明原假设正确与否没有什么帮助。

因而仅有的两张可用来反证的卡片是A和3。

但是，大多数人选择A和2或只选A。

为什么人们会翻开A和2呢？因为人们习惯于寻找证实原假设的证据的思维规则。行为金融学证明人们有着根深蒂固的"选择性失明"——对于证实其观点的证据人们给予了太多的重视，而对于证明其观点不正确的证据重视不够。

职业经理人在公司的决策中也经常受其影响，具体而言，在使公司价值最大化的过程中，有两个关键的行为阻碍：一个在公司内部，一个在公司外部。行为金融学家谢夫林认为：第一个阻碍为行为成本，它们是因为职业经理人的认知缺陷和情感影响而做出错误决策而导致的成本或价值损失，行为成本会损害价值创造。第二个阻碍产生于市场分析师与投资者的行为错误，这些错误可以引起基本价值与市场价值的偏离。

放眼望去，过度自信的迹象充斥着我们的生活，其原因如下：

（1）知识幻觉

"过度自信"是一种认知偏差，它的最常见原因是知识幻觉。

以投资者买卖房屋出租为例，很多人会只考虑熟悉的楼盘尤其是熟悉的区域——往往是他们从小成长或现在居住的区域，而并非对所有有潜力的区域和项目都进行过考察。

投资者倾向于认为，自己拥有足够的知识来做出正确的决策，或者认为自己所拥有知识的精确性要比实际上所具有的精确性更高，所以他们对事件发生概率的估计总是夸大。

（2）选择性耳聋

"过度自信"还有一个衍生的副产品，那就是"选择性耳聋"。因为过度自信，所以我们更加追求自我肯定，在这种心态的驱使下，我们只会考虑与现有评估相符的信息，而忽视或刻意回避相悖的信息。

当出现全新和令人不安的真相时，就会发生认知失衡的情况，并可能对投资决策造成诸多影响，导致"选择性耳聋"。

人们还倾向于把过去的成功归功于自己的能力，而把失败归罪于外界因素。

当市场走势与投资者的私人信息一致时，投资者的信心将会膨胀；而当市场走势与投资者的私人信息矛盾时，投资者的信心并不是等量地减少，因为他们倾向于将这种结果归因于客观原因。

（3）控制幻觉

到一家彩票投注点去观察，大部分彩民是自己选号。尽管主动选择与机器选号，中奖概率完全一样。但是在买家的内心，却认为自己选择的号码有更多的胜算。

非理性投资者总是很难避免"控制幻觉"，以为能够控制无法控制的局面。但事实并非如此。长期来说会有很多无法控制的局面。

比如一个投资者最近收益很不俗，他往往会认为是自己高超的技术分析在起作用——而事实可能是最近大牛市普遍上涨，即使是掷飞镖随便选一个股票也会有不俗的表现。这种不恰当的自信相当危险：随着"控制幻觉"增加，吸收新信息和三思而后行的意愿则会降低。在投资初步获利后，这个循环会按照"愉快→贪婪→亢奋→崩溃"的模式迅速演变。

魔鬼金融学

3. "消息"并不能让你赚到钱

在A股市场上，炒股赚钱靠什么？2016年8月发布的《投资者风险认识调查报告》显示，有接近50%的股民选择朋友荐股，21.74%股民依赖打听消息。也就是说，有七成股民炒股靠道听途说的小道消息。

这个数据令人惊讶吗？想想也比较可靠，市场上有很多这类的投资者，他们可谓"眼观六路，耳听八方"，他们会仔细研究报纸上的报道、电视上的新闻、统计数据、经纪公司的分析报告。这类投资者不愿放弃任何论坛上的帖子、博客上的预言，甚至是无意中在夜店里听到的小道消息。

这类投资者问题存在于，他们很可能会被过多的消息淹没。过多的消息可能会超出他们的处理能力范围。

《股票作手回忆录》里的一则故事，可以反映这种现实。

有一位名叫莱克的银行家，对一家名叫雷丁的上市公司的情况了如指掌，而且与内幕投机客蛇鼠一窝。

有一天，莱克遇见约翰·盖茨，要他做空雷丁公司，跌幅至少25点，赢利机会极大。

盖茨听后如获至宝，赶紧往他的交易室走去。但雷丁根本就没有停止上涨，几个星期内它上涨了大约100点。

一天，莱克又在马路上遇见盖茨，但他假装没看见盖茨，继续向前走。盖茨追上他，满脸堆笑地伸出了手，维斯特·莱克惊慌地握了握盖茨的手。

"我想谢谢你，谢谢你给我提供有关雷丁的消息。"盖茨说。

"我没有给过你任何消息。"维斯特·莱克皱着眉头说。

"你给过我。而且还是一个绝好的消息。我赚了6万美元。"

"赚了6万美元？"

"没错！你不记得了？你告诉我抛掉雷丁，所以我就买进了雷丁。我听了你的消息后反向操作，总能赚钱，维斯特·莱克。"盖茨得意地说，"总能！"

这就是所谓的"反向指标"。即便在今天，当媒体不看好的时候，"黑庄"就可以建仓，当媒体缔造神话的时候，"黑庄"就跑人。股评家的言论很多时候就是最好的"反向指标"。

消息无处不在，它可以让你知道周围的变化，使你与环

魔鬼金融学

境相适应。

传统的观念是消息越多越好。其实，过多的消息对投资者来说并无帮助，有时反而更像一种噪声。没错，资讯幻觉也是过度自信偏差的根源之一——消息越多，把握越大。心理学家曾经做过一个实验：

让赌马者从88个他们认为对计算胜率有用的变量中做出选择。比如往日赛马的成绩表、马匹的健康指数等。

先给赌马者10个最有用的变量，让他们做出预测。

接着，又给他们10个变量，让他们再做预测。

消息的增加，并未增加预测的准确性，奇怪的是，他们对预测的信心却极大地提高了。

另外一个有趣的现象是，当股民整天泡在股吧和各种股票微信群和论坛中时，交易的频率也会随之提高。虽然事实证明这些平台上流传的消息和分析基本毫无价值，但当时获取了大量资讯的股民却不这样认为，他们相信自己掌握了大量新的消息和知识，一时间对交易又充满了信心，他们觉得应该根据掌握的这些新消息做出新的投资决策，于是，迫不及待地买进、卖出，就这样，交易频率被加强了。有人可能会问，难道投资者在听小道消息时就不会"兼听"一下吗？答案是股民在头脑发热的时候，往往会对机会和股票未来走势的判断会变得更为激进，同时，为了避免认知失调带来的内心冲突，这些股民在进行市场分析、信息搜集的时候也会将更多的注意力放在那些支持自己信念的信息上，倾向于忽略那些不支持自己信念的信息。比如，当你确信房价还会继续上涨的时候，更愿意关注的就是土地的供应是有限的、城市化的推进会继续提供大量的真实有效需求等有利证据，同时也会轻易忽略现在房价估值高企、日本、中国香港和海南房产泡沫破灭的不利证据。

这样的行为通常带来的是负面的结果，频繁买进和卖出的行为，其回报率往往还不如那些买卖频率很低的不太关心传闻和信息的股民。海量的消息只是加强了股民的知识幻觉和控制幻觉，加深了股民的过度自信，造成他们会频繁交易，而股民的频繁交易无疑是一种灾难。

最后，我们要再次提醒投资者，不要迷信小道消息，也不要过于迷信专家股评。投资者和证券分析师在他们有一定知识的领域中特别过于自信，然而，提高自信水平与成功投资并无相关；基金经理人、股评家以及投资者总认为自己有能力跑赢大盘，然而事实并非如此。

4. 投资者的最大"敌人"

有的投资者在刚进入股市的时候，还常常能有所斩获，等到变成老股民以后，因为赚了些钱，学了些指标，读了几本书，就渐渐地过度自信起来，他们认为自己能抓住市场波动的脉律并且能够从中大获其利。

于是他们疯狂地追涨杀跌，快速进出，结果反而输多赢少，亏损严重。

这就是受了过度自信的害。过度自信阻碍了投资者提高操作水平，使投资者对股市的认识出现偏差。股市的发展是日新月异的，任何人如果过度自信，都会停滞不前，最终必将被股市所淘汰。不要以为自己比别的投资者更了解股市，更能把握得了市场。

其实，你可能搜集到的大量信息，你所知道的东西别人也同样知道，而别人可能还注意到了被你所忽略或排斥在外的信息。

一个真正杰出的的投资人从来不自作聪明，自信地在市场中快速反应，以求战胜市场。他们更愿意充当动作缓慢却最终得到胜利的老黄牛。他们从来不会考虑在今天或明天的股市变化中捞得小钱，而后天又损失一大笔。他们只是认真地做好手头上的每一笔交易，并最终让自己和那些信赖自己的股东们都变成富翁。

巴菲特从不过度自信，不做任何盲目的投资，他总是会用大量的时间去研究企业的素质，以保证自己的投资能够在未来有稳定的收益。他把自己看成是自己参股企业的当家人，并亲自控制企业的重大决策。

另外，即便眼看着别人已经赚得盆满钵满，他也不会盲目地认为自己也能从中赚得打钱，他认为只有了解了市场、把握了市场之后才能购买股票，不能冒险进入那些自己根本不了解或无法把握的行业。所以，他每天都要阅读十份报告，选股之细心，用心程度可见一斑。正是着眼于投资，努力苦练内功，静静等待时机来临，果断抓住投资大好时机，才让巴菲特的财富与日俱增。

早在几十年前，巴菲特的老师本杰明·格雷厄姆就曾把股市比作成一个多变的"市场先生"。格雷厄姆还告诫巴菲特，要控制好自己。成功的投资人常常是那些个性稳定的人，投资者最大的敌人不是股票市场，而是他自己。即使投资者具有数学、财务、会计方面的高超能力，如果不能

控制好自己，仍然难以从投资行动中获益。所以，不能盲目
地自信，自信应该建立在对市场和企业有了深刻的把握和了
解基础上，一切决策以客观事实为依据，这样才能更有把握
成功。

5. 告别过度自信的"股民模式"

　　投资者有多种非理性行为，而过度自信就是其中最常见的一种，不仅是普通投资者会落入过度自信的陷阱，投资专家也会犯同样的错误。

　　我们不妨问问自己，你会发自内心地认为自己只是一个平凡之辈吗？你会承认自己相比其他人并不存在心智上的优势吗？恐怕绝大部分人都不会这么认为。每个人——无论是成功者、平庸者还是失败者，我们总是带着过分良好的感觉生活在这个世界上，对自己过度自信，相信自己比别人更有思想、更能干、更有眼光、分析更精准……尽管事实一再证明这只是我们的幻觉而已。

　　在金融投资中，这种过度自信偏差同样普遍，事实上很多人之所以敢于做投资，一个很重要的基础就是不停地告诉自己：我比别人更聪明。我们被灌输（同时也自我灌输）自己善于挑选股票，或善于买卖，或善于识别宏观趋势判断时局，或运气更好。请想一下，为什么我们都觉得自己在股市应该挣钱，而别人在股市就应该接盘？正是由于这些对自己能力过高的不切实际的估计，使我们不经意之间在自己的投资上花了更多本来不应该付出的成本。

统计显示，股票市场上大多数的投资者（包括机构投资者）投资收益都落后于指数的增长，没错，现实就是这么残酷。但是尽管证据如此明显，众多投资者还是愿意相信自己能够获得超过大多数人的收益。为什么？背后的心理基础就是过度自信。过于自信会导致人们高估自己的知识和预测能力，低估风险并夸大自己控制局面的能力。很多投资者都觉得自己能够判断出大盘的涨跌趋势，通过低买高卖获取收益，然而他们都高估了自己的能力，正如事实所证明，绝大多数人的业绩都逊于指数。

就像彼得·林奇说的那样，每个人都觉得自己心中存在一个隐秘的部分、一种超能力，它能成功预测价格、利率走势。正是这个妄念驱使人们走向茫茫股海，那么执着，难以回头。

在大牛市及熊市的循环中，我们看到了"过度自信"是怎样驱动着股民开启进场送钱的"股民模式"的：一轮资产价格上升行情在初期总是缓慢而犹豫，唯有在经过较长一段时间的徘徊后，人们才能从"轻视"和"谨慎"转变为"自信"的状态，慢慢地才会有越来越多的投资人进入市场，股市成交量不断增加。牛市发展到后期，资产的价格已远没有原先那么有吸引力了，甚至已出现明显的泡沫，但上升的趋势，使得"过度自信"现象很容易发生。人们经常高估自己赚钱的能力，而低估运气和机会在其中的作用。

在牛市的高潮阶段，投资的乐观的情绪蔓延，长期的上涨行情使得参与者的自信不断强化。较高的胜率很快变得过度自信，并在股市最疯狂的时候加大投入。每一次都一样，股市在疯狂后会迅速下跌，将大部分高位入市的股民深度套牢，那批过度自信的股民就这样将自己的心血积蓄留在了市场中，而让他们犯错的根本原因是自己的心理。

那么，股民在股市中过度自信的具体表现有哪些呢？

第一，持仓单一。投资过于分散当然是不好的，比如你用有限的资金建立个二三十个品种的投资组合，那么就很难赚到钱。但是过于单一问题也很大，如果一个人满仓一只股票，这意味什么呢？那表示对自己手里的股票有绝对信心，满仓一只股票的缺点在于，即使你一切基本面分析都是正确的，一个黑天鹅事件就有可能带来毁灭性的打击。投资中没有100%确定的事情，无论我们如何努力，也是在处理不确定性，投资业绩的好坏、对公司把握准确与否都有概率的成分，我们甚至不敢保证自己的胜率超过一半，又如何敢把筹码都压在一只股票上？

第二，预测大盘指数。很多投资者喜欢预测大盘指数，并以此指导自己的投资行为。这是一种非常可怕的"过度自信"，我们知道大盘指数是过于复杂的多种因素作用的结果，预测者往往简单通过几个因素的估计来预测指数，结果往往谬之千里。在网上随便搜一下相关新闻吧，"2014股指预测'看走眼'券商集体被'打脸'""点位预测全掀翻：券商研究所是在算命吗？"……预测大盘指数实在是一件不靠谱的事情，一个显而易见的事实是：如果有人能准确预测市场，那么通过期权期指等金融工具，他将迅速成为世界首富。

第三，频繁交易。这一点我们在前文中已经提到了，由于过度自信，股民往往想"高抛低吸"，抓住每一个可能的投资机会。殊不知频繁交易正是投资的杀手，很多投资者的高抛低吸都踩错了节奏，不知不觉就变成了"高买低卖"。

第四，高杠杆融资。一旦陷入到过度自信的误区，往往就开始加杠杆。在股市上亏损虽然有各种原因，但爆仓清盘的基本都是因为高杠杆融资，贪婪和过度自信导致忽视风险，因此犯下了打错。对于杠杆，我们一定要充分认识到其危险性，杠杆的作用很有限，它只是能够放大盈利或亏损的幅度，但是它改变不了盈利或亏损的方向。对于大多数人来说，其投资体系是不健全的，其亏损的概率要远大于盈利的概率，使用杠杆的危险远大于好处。如果有投资者仍然认为杠杆是投资高手的游戏，并且希望在投资中加杠杆的话，希望这样的投资者至少能先回顾一下2015年的杠杆牛市，加深一下认识。

第五，制定不切实际的业绩目标。这也是很多投资者容易出现的错误，特别是新手股民。他们在投资之初就制定了过高的收益目标，比如回报率50%等，这种愿望是美好的，但是再重复一次，投资是概率游戏，你的投资业绩跟自己的意愿、努力程度根本不是成正比的，明确的业绩目标往往会导致急功近利、忽视风险等。

总之，投资者应努力规避过度自信偏差，虽然掌握股票知识、资产管理经验和即时信息等对股民的股票投资决策固然很关键，但股民也不能忽视自身动机、心态和情绪等个性心理因素对股票投资的影响。

CHAPTER 13

损失厌恶与后悔厌恶

丢失的 100 元大于捡到的 100 元

【损失厌恶】人们面对同样数量的收益和损失时，认为损失更加令他们难以忍受。

【后悔厌恶】当人们做出错误的决策时，会对自己的行为感到痛苦，后悔。而且这个决策越是那种不平常或者非传统的决策的时候，人们的后悔感就越强。

由于后悔对个人来说，是一种除了损失之外，还自认必须对损失要负责任的感受，故后悔会比损失还要感到痛苦。

1. 僧帽猴遭遇的"经济陷阱"

耶鲁大学的经济学学者们进行了一项实验，该实验是为了测试猴子的消费行为。

参加实验的是7只7~8岁的黑帽卷尾猴（3雄4雌），在实验的第一阶段，学者们提供了苹果和黄瓜两种食物，试图教会猴子使用金属货币。结果僧帽猴们很快就掌握了用金属货币来购买食物的方法，令人惊异的是，他们甚至还会取舍：实验员开始设定一枚硬币换取一根黄瓜或者一个苹果，后来苹果降价，一枚硬币可以换到两个苹果，于是所有的猴子都选择用手中的货币换取价格更为低廉的苹果。这真是一项有趣的实验，僧帽猴们在预设情境下做的经济决策与人类并无二致，后来这项研究被生动地称为"猴子经济学"（monkey nomics）。

第一阶段实验结束后，实验进一步引入了经济学中的一种重要谬误——"损失厌恶"。我们知道，人类更喜欢从一个初始价位出发来判断一个经济行为是赚还是亏。在"赚"

的情形下，人们会更趋保守，倾向于回避风险，赶快把纸上财富兑现；而"亏"的时候，情况就完全不同了：人们反而变得更倾向于冒险——只因为冒险总还有挽回一点损失的希望，尽管这种希望通常非常渺茫。就是在这种情感的作用下，人们经常会做出一些非常不理性的选择，比如说很多人会在令人在情况急剧恶化的情况下，依然不顾一切地保留那一点点"不蒙受损失"的几率。这种情况我们见得少吗？在暴跌市中，股民仍然抱着已经在下降通道的股票坚决不肯卖出，怕卖出后，损失就不可再挽回。

那么，人类在3500万年前的近亲僧帽猴，它们在面对损失时又会如何表现呢？这次出现在僧帽猴面前的是两名实验员——A和B。他们一开始给猴子的价格都是一枚硬币换三颗葡萄。但是这种公平的交易在猴子付完硬币后发生了变化：A实验员总是固定拿走一颗，也就是说每次僧帽猴只得到了两颗葡萄。至于B实验员，则一半时间交给猴子三颗葡萄，另一半时间只给猴子一颗葡萄。

这种反常的情况让僧帽猴们出现了烦躁反应，但是逐渐适应了这种情况后，僧帽猴们意识到，如果和A实验员交易，损失就是确定出现的——每次损失一颗葡萄；如果和B实验员交易，则要承担损失两颗葡萄的风险，但是有一半时间还可以拿到全部的三颗葡萄。这两种情况下，你猜僧帽猴做了什么选择？结果是，大部分的猴子选择了B实验员。

这就意味着，当我们用经济学工具来统计猴子的交易数据时，它们的数据与人类金融市场中的统计数据几乎完全相同。出于偏见的决策情况，在僧帽猴中和人类中一样常见，人们评价这个实验说："如果把那些华尔街的分析师全换成僧帽猴，最后的结果也不会差太多。"

僧帽猴在选择实验员的决策上，就体现出了损失厌恶。金融研究发现，投资者在面对相同的盈利与损失时，其对边际损失比对边际盈利更加敏感，即投资者损失时所感受到的痛苦远大于相同数量盈利所获得的愉悦。这一特征又被称为"损失厌恶"，其意味着投资者往往会不愿意承认他们的损失。

2. 风险厌恶与损失厌恶

买彩票是赌自己会走运，买保险是赌自己会倒霉。这是两种很少发生的事件，但人们却十分热衷。前景理论还揭示了一个奇特现象，即人类具有强调小概率事件的倾向。何谓小概率事件？就是几乎不可能发生的事件。

比如天上掉馅饼，这就是个小概率事件。

掉的是馅饼固然好，但如果掉下来的不是馅饼而是陷阱呢？当然也属于小概率事件。

面对小概率的赢利，多数人是风险喜好者。

面对小概率的损失，多数人是风险厌恶者。

事实上，很多人都买过彩票，虽然赢钱可能微乎其微，你的钱99.99%可能支持福利事业和体育事业了，可还是有人心存侥幸博小概率事件。

同时，很多人都买过保险，虽然倒霉的概率非常小，可还是想规避这个风险。人们的这种倾向，是保险公司经营下去的心理学基础。

在小概率事件面前人类对风险的态度是矛盾的，一个人可以是风险喜好者，同时又是风险厌恶者。传统经济学无法解释这个现象。

前景理论指出，在风险和收益面前，人的"心是偏的"。在涉及收益时，人们是风险的厌恶者，但涉及损失时，人们却是风险喜好者。

但涉及小概率事件时，风险偏好又会发生离奇的转变。所以，人们并不是风险厌恶者，他们在认为合适的情况下非常乐意赌一把。

归根结底，人们真正憎恨的是损失，而不是风险。

这种损失厌恶而不是风险厌恶的情形，在股市中常常见到。比如，我们持有一只股票，在高点没有抛出，然后一路下跌，进入了彻彻底底的下降通道，这时的明智之举应是抛出该股票，而交易费用与预期的损失相比，是微不足道的。

扪心自问，如果现在持有现金，还会不会买这只股票？你很可能不会再买吧，那为什么不能卖掉它买别的更好的股票呢？也许，卖了它之后损失就成了"事实"。

3. 你为什么会厌恶后悔

1980年，理查德·泰勒在《经济行为和组织》期刊上，首次提出了"Regret Theory"后悔理论。

泰勒做了类似这样一个测试。

A先生在电影院排队买票。到了售票口，他发现他是这家戏院的第1万名顾客，因此得到了1000元奖金。

B先生在另一家电影院排队买票。他前面的人刚好是这家戏院第10万名顾客，得到了10000元奖金，而B先生因为紧随其后，也得到了1200元奖金。你愿意当A先生还是B先生？

泰勒说，出乎意料的是许多人宁可当A先生（得到1000元），而不愿意当B先生（可以拿到1200元），理由就是不想感到懊悔。跟10000元奖金失之交臂，会让这些人痛心不已，因此他们宁可少拿200元，也要避免因为懊恼而跺脚。

泰勒把这种心态称为"后悔厌恶"（Regret Aversion）。

老陈是一个股民，在网上炒股票，交易费用为零，股票抛出以后，钱会自动转账到他的活期存款账目中。

去年年初，老陈买了10000股"怡亚通"，当时买入价是13.67元/股。

之后老陈有一天上网一看，却发现形势不妙。"怡亚通"已跌到了11.31元/股。老陈呆呆地坐在电脑前，到底要不要抛掉呢？无法做出最后的决定。

鼠标就停在"抛售"这个按钮上，但老陈始终没有勇气点下去。

问：如果你是老陈，你最终究竟会选择抛，还是不抛呢？

实验结果是绝大多数人都选择"不抛"。

正当老陈举棋不定的时候，电话铃响了。当老陈接完电话再次走进房间时，发现宠物猫咪爬到桌子上了，猫爪子正好搭在鼠标上，按下了"抛售"键。

老陈原先的136700元，现在已经变成了113100元，并且实时地转到了他的活期账目中。

问：如果你是老陈，你现在是否立即再把"怡亚通"买回来以继续持有呢？还是再等等看，或者把这113100元投资于其他的股票。

实验结果是大部分人选择"不买"。

其实这两道题是等价的，你所需做出的决定都是在"怡亚通"价格11.31元/股的情况下，决定到底是继续持有还是立即出手。

如果你不想卖掉你的股票是因为你觉得它行情看涨，那么猫咪是否"闯祸"并不影响它的行情，你应该在猫咪"闯祸"后再把它买回来；如果说猫咪"闯祸"以后你不愿意再把它买回来，说明你不看好这只股票，那么你应该在第一个问题里就把这只股票卖掉。

这个实验是由华裔学者奚恺元教授设计的，叫作"持有者悖论"。

对于多数人，行动的懊悔，要大于忽视的懊悔。所以，有时候我们宁可将错就错，也不愿打破现状，对其他选择故意忽视。

魔鬼金融学

4. 后悔厌恶与投资心理

　　心理学研究还发现，个人在做决策时会因为后悔而痛苦，故人们往往会倾向于选择那些给自己带来较少后悔的方案。由于后悔对个人来说，是一种除了损失之外，还自认必须对损失要负责任的感受，故后悔会比损失还要感到痛苦。为了避免后悔，个人会没有强烈的动机去改变现状，他们可能会依循过去的原则，目的就是为了使未来后悔的可能性降到最低。在证券市场上，当投资决策失误后，投资者的后悔心情自然难以避免，因此，即使是同样的决策结果，如果某种决策方式能够减少投资者的后悔心情，则对投资者来说，这种决策方式将优于其他决策方式。

　　传统经济学的坚决捍卫者——保罗·塞缪尔森，曾经通过一个经典实验来揭示人的这种心态。被试者是一些对经济学和财务知识有相当认识的学生，给他们出了下面这几个问题：

　　你经常阅读有关金融方面的报道，可是一直没有钱能够用于投资。最近，有个远房亲戚遗留给你一大笔钱。你通过仔细考虑后，把投资的范围缩小到以下4种选择：

A.购买甲公司的股票。这种风险适中的股票，在未来一年中，有50％的机会股价会提高30％，有20％的机会股价会维持原状，有30％的机会股价会降低20％。

B.购买乙公司的股票。这是一种风险较高的股票，未来一年有40％的机会股价会提高1倍，有30％的机会股价会维持原状，有30％的机会股价会降低40％。

C.购买美国国库债券，几乎可以确保未来一年能够得到9％的报酬。

D.购买市政债券，几乎可以确保未来一年能够得到6％的报酬，免税。

你会选择哪一项投资？

不出所料，这些被试者大多数是根据自身承受风险的能力来选择投资的。因此，有32％选择了中度风险的股票，有32％选择了保守的市政债券，有18％选择了风险较高的股票，另外18％选择了国库债券。

但是，这些结果并不特别重要或有趣，真正有意思的还在后面：塞缪尔森向另外几组学生提出了类似的问题，只不过他们是在某种现状下做选择。也就是说，这些学生发现他们接受的财产已做了某种投资安排，而他们必须决定究竟是要维持这种投资，还是要加以改变，请看下面的问题：

你经常阅读有关金融方面的报道，可是一直没有钱能够用于投资。最近，有个长辈遗留给你一大笔财产，其中一大部分已投资购买了甲公司的股票。现在你必须决定究竟是要维持原状，还是要把钱投资到别的地方，而且不必考虑税收和交易佣金。你会选择哪一种方式：

A.保留甲公司的股票。这种风险适中的股票，在未来一年中，有50％的机会股价会提高30％，有20％的机会股价会维持原状，有30％的机会股价会降低20％。

B.投资购买乙公司的股票。这种风险较大的股票在未来一年中，有40％的机会股价会提高1倍，有30％的机会股价会维持原状，有30％的机会股价会降低40％。

C.购买美国国库债券，几乎可以确保未来一年可以得到9％的报酬。

D.购买市政债券，几乎可以确保未来一年可以得到6％的报酬，而且不必缴税。

这些实验的结果如何呢？不论设定的现状是哪一种投资，大多数人都选择维持现状。例如，一旦获悉这笔钱已用于购买了市政债券，有47％的人会决定维持这种非常保守的投资。相比之下，在前面的实验中，资金尚未做任何投资时，只有32％的人选择市政债券。

这实在令人费解：如果没有特殊情况，只有3／10的人会把钱放在市政债券里。但是，一旦获知钱已经买了市政债券，几乎有一半的人会认为这是最适当的投资，尽管当初这样做并非出自他们的选择。

"固守现状"并非现状真的多么吸引人，根本原因在于人们害怕懊悔，厌恶悔恨。

5. 难以割舍的沉没成本

有一个事实是，人们是否决定去做一件事，不仅取决于是否能从这件事中获得好处，也取决于自己过去是不是已经在这件事情上有过投入。这就是我们在本处要提到的经济学名词："沉没成本"（Sunk Cost）。沉没成本的定义是，投入的成本越高，越容易使人身陷其中而难以脱身。你在网上玩的QQ游戏，其实已经没有多少乐趣，但是看看已经达到的58级等级，你还是坚持了下去；在车站已经等了30分钟公交车，其实走路到地铁站可能更快一些，但是你想既然已经等了这么久就不应放弃……这种选择就被称为"沉没成本谬误"。

沉没成本，没有希望捞回的成本。沉没成本也被叫作非攸关成本，即追加投入再多，都无法改变大势。

从理性的角度思考，沉没成本不应该影响决策。但芝加哥大学经济学家理查德·泰勒（Richard Thaler）博士通过一系列研究，证明人的决策很难摆脱"沉没成本"的影响。

你在生活中有过类似下面测试的经历吗？

你预订了一张话剧票，已经付了票款，且不能退票。看话剧的过程中，你感觉很乏味，会有两种可能结果：

A.忍受着看完。

B.退场去做别的事情。

此时，你付出的成本已经不能收回，就算你不看话剧，钱也收不回来，话剧票的价钱算作你的沉没成本。

如果将就到终场，就等于在看一出坏话剧的时候又损失了看一出好话剧的时间。

如果你是理性的，那就不该在做决策时考虑沉没成本，而是立刻起身退场，去做更有意义的事情。

索尼最初的损失都是源于对Chromatron的投资，这其实是一项沉没成本。

不少学者都强调应忽略沉没成本："忘记沉没成本，沉没成本就像已经打翻的牛奶，它们是过时的和不可逆的。因为沉没成本已经流走，所以它们不能影响是否拒绝或接受一个项目，它们在决策时应被忽略。"

尽管如此，公司决策者却经常下意识地把它作为一种决策依据。

人们往往会对他们认为负有责任的失败投入比成功更多的时间、金钱和精力。

　　对企业而言，沉没成本谬误常引导决策者对错误的投资不断加码。因为他们认为若不这么做过去投入的成本岂不白白浪费？

　　沉没成本谬误也会出现在经济和商业决策制定过程中。最典型的是"协和谬误"。

　　当年，英国、法国政府不断为"协和式飞机"追加投资，其实，两国政府都知道，这种飞机没有任何经济利益可言。这个项目被英国政府私下叫作"商业灾难"，本就不该开始，但由于一些政治、法律问题两国政府最终都没有脱身。

　　管理学家科隆发现对失败负有责任的决策者比那些不负有责任的决策者更喜欢回忆过去的决策，这意味着他们会寻找证据来证明他们先前的决策是合理的。这可被看作是"认知偏差"。科隆一个非常重要的发现是：沉没成本的大小不会改变职业经理人回顾过去和提高花费的倾向，但是导致失败的决策往往受这两个方面的影响。

　　科隆这样描述道：有多少钱被涉及并不重要，但决策错误的可见性却非常重要。如果你被看作是一个高度可见错误决策的主要发动者和引导者，你会更易于回顾过去和在决策中变得不够理性。

　　甚至在NBA篮球比赛中，教练决定谁上场时，往往把球员薪水作为考虑的因素——有时并不考虑高薪球员是否表现得好，实际上，球员薪水是一项沉没成本。

一项调查显示，NBA球员领的薪水越高，他上场的时间也越多，即使他有其他情况，如场上表现不佳、受伤及训练状态低迷等。

在索尼的案例中，井深大是公司的创立者和大股东，但即使作为大股东也没有使他避免在行使经理职责时过于自信和厌恶损失。行为学因素在决策中能使其他影响因素扩大。毫无疑问，激励非常重要，但是索尼的案例告诉我们，激励并不能必然克服行为学因素在决策中的影响。

在金融投资领域也广泛地存在沉没成本谬误。股市确实是人性弱点的检阅场，金钱的大起大落很容易让人迷失方向。在股市中，每个人都有一个心理账户，将获利部分计入赢利，认为赢利应该及时落袋为安；而亏损的股票一旦卖出，就变成了真金白银的损失，这就是"沉没成本"在作怪。

在股市中，我们最常见的沉没成本谬误就是补仓。很多投资者之所以被套牢，都是经历了这样一个过程：他们小仓位买进了股票，没过多久股价就开始下跌，发现被套住了以后，他们想到的第一个挽救办法就是补仓，接着是连续补仓，结果仓位越补越大，直到最后把所有的钱都套了进去。

而之所以会有这么大的亏损，仅仅是因为他们的损失厌恶心理，因为他们舍不得最开始那一小部分被套住的仓位（沉没成本）。

一句话，不愿面对损失，做不到理性地放弃沉没陈本，不肯承认自己投资决策上的失败，最终的结果就很可能会变得更糟糕。如果一只股票或者一只基金已经让你亏损太多，而且短期内基本面没有改善的迹象，那与其盲目追加，换来无期限的套牢，不如快刀斩乱麻，接受沉没成本，重新选择标的，开始一段新的投资体验。

CHAPTER 13　损失厌恶与后悔厌恶

CHAPTER 14

处置效应

我们为什么选择持亏卖盈

【处置效应】投资人在处置股票时，倾向卖出赚钱的股票、继续持有赔钱的股票，也就是所谓的"出赢保亏"效应。

当股民处于赢利状态时，股民满脑子都是"见好就收""规避风险"；当股民被套时，股民就整天大谈"价值投资""长线是金"。

1. 夏皮诺实验的启示

美国纽约有一位心理医生叫夏皮诺，今天在这里我们要提起他的名字，是因为他曾经主持过两个非常著名的实验。这两个实验从人性的角度，用心理分析的方法，股民面临不同环境时明显的决策偏向性，以及一般股民在股市当中为何会宿命般地遭遇失败的命运。

第一个实验。

选择：第一，75%的机会得到1000美元，但有25%的机会什么都得不到；第二，确定得到700美元。

两个选项之间，百分之八十的人都认为第二选项更有吸引力，虽然夏皮诺医生一再向参加实验者解释，从概率上来说，第一选择能得到750美元（1000×75%+0×25%=750美元）。这个实验显示出人们对于风险的厌恶，在面临赢利时，大多数人都选择确定的"得到"，而不愿意冒并不是特别大的风险选择那些可能更多的"得到"。

在股票市场上，这种心态并且由这种心态导致的行为不是也很常见吗？很多股民手中赚着成本低廉的股票，等股票价格稍一上涨，就选择立即抛出。但实际上这只股票也许正在上行空间，未来还有大幅上涨的机会，但是很多投资者为了避免那25%什么都得不到的可能性，股民宁可少赚，匆匆离场。本来可能大赚的股票，我们小赚就卖了。比如，可赚50000元的机会，但我们只赚了500元就跑了。从深一点的层面上看，这是人讨厌不确定性，或厌恶风险的心理写照。

第二个实验。

选择：第一，75%的机会付出1000美元，但有25%的机会什么都不付；第二，确定付出700美元。

这是跟前一个正好相反的实验——第一个实验测试的是得到，而这个实验测试的是失去。在这个实验中，75%的人选择了第一选项，也就是说他们选择为25%的机会一搏，宁可冒着可能承受更多损失的风险。

加利福尼亚大学的萨义德教授，明确地证实了这一点。

萨义德通过对几千名投资人，前后的交易记录加以研究，结果显示：这几千名投资人，多数情况下会出售价格正在上涨的股票，却宁愿长期持有价格下跌的股票。

萨义德的资料显示，投资人卖掉的股票，在其后12个月中的涨幅，比他们留下来的股票高出了3.4%。换言之，投资人卖掉的是应该留住的股票，却留下了应该卖掉的股票。

最不可思议的是：卖掉某只赔钱的股票时，美国税务部门会帮投资者减掉等额的税款（最高可以减3000美元），也就是说，你只要认输，政府就会替你埋单。尽管如此，许多投资者还是拒绝认赔。

投资人死抱着赔钱货不放，却急着卖掉赚钱投资的倾向，正是"寻求自豪"和"懊悔规避"效应在起作用。大多数人总是情愿卖掉赚钱的股票或基金，是为了把已经赚到的钱及时放进口袋，却不太愿意卖掉赔钱货，让自己接受赔本的事实。

由于不愿接受卖掉赔钱货后亏本所带来的痛苦，于是他们逃避现实，毕竟，它的价格再跌，也只不过是"账面损失"，还不能算是正式赔钱。

但是，一旦把真的赔钱货卖掉，损失就变成活生生的现实了。

觉得这种情况很熟悉是吧？市场上，对那些投资亏损甚至已经确定被套的投资者来说，承认错误平仓止损是一件非常痛苦的事情，只要理论上仍有希望解套出局或者存在着些微可能获利的机会，一般投资者仍会选择冒险持有。看到了吗？在面临亏损的时候，投资者选择的风险偏好明显增大。但是这样做的后果很多时候是很严重的，当下跌不断继续时，我们也不断地寻找理由安慰自己，甚至从网上、从股友身上寻找"正能量"安慰自己守仓。结果，百分之十的亏损慢慢地变成了腰斩之类的大亏损，这时才不得不选择放弃仓位，割肉认赔。

到这里为止，我们就从人性或者心理角度找到了根源——为什么绝大多数股民赢时赢小钱，亏时亏大钱。因为人在面临不同处境时常常会抛弃理性人假说中的最优选择，往往这种非理性选择成为现实生活中的常态，而理性选择却成为非常态。

2. 处置效应与前景理论

尽管上文没有明确提到处置效应的定义，但是夏皮诺实验的启示已经足够我们了解其内涵：它是指投资者倾向于卖掉价格正在上涨的股票，从而早早地兑现利润，而不是让它继续增大。

投资者"持亏卖盈"的处置效应被发现后，人们一直试图从心理学的层面上来解释这种心理误区。终于在1979年，卡尼曼和特维斯基提出了前景理论用于描述不确定性情况下的选择问题：前景理论认为，投资者更关心投资的损益变化，而判断损益的标准来自于其投资参考点，参考点的选取决定于投资者的主观感觉，这就决定了其参考点是因人而异的；其次，投资者在亏损的时候是风险偏好的，而在赢利的时候却是风险规避的（如夏皮诺实验），因此投资者对损失较为敏感。

前景理论具体地说有以下几点：

（1）"二鸟在林，不如一鸟在手"。在确定的收益和

"赌一把"之间，多数人会选择确定的好处。所谓"见好就收，落袋为安"，称之为"确定效应"。

（2）在确定的损失和"赌一把"之间，做一个抉择，多数人会选择"赌一把"，称之为"反射效应"。

（3）白捡的100元所带来的快乐，难以抵消丢失100元所带来的痛苦，称之为"损失规避"。

（4）很多人都买过彩票，虽然赢钱可能微乎其微，你的钱99.99%可能支持福利事业和体育事业了，可还是有人心存侥幸博小概率事件，称之为"迷恋小概率事件"。

（5）多数人对得失的判断往往根据参照点决定，举例来说，在"其他人一年挣6万元你年收入7万元"和"其他人年收入为9万元你一年收入8万元"的选择题中，大部分人会选择前者，称之为"参照依赖"。

这个理论很快被用来解释处置效应。

前景理论非常巧妙地解释了，为什么投资者愿意过长时间持有亏损的个股，而过早卖出正在赢利的个股——表面上来看，这是很不合情理的。

因为投资者在亏损时较为敏感，这个时候是风险偏好的——投资风格会更加激进，敢于直面股价波动，不急于卖出；而赢利时投资者是风险规避的——投资风格会更加保守，趋向于回避风险，尽快卖出已经获得的一部分利润。

还有一部分原因是来自投资者的"别扭"心理：投资者为避免兑现损失带来的后悔和尴尬而回避卖出，因为一旦损失兑现，即是证明投资者以前的判断错误；而投资者急于兑现赢利则是为了证明自我，即骄傲自大心理所致。

从成功心理学的角度来分析，每个人都渴望成功，都渴望无论是在生活上，还是在事业上，甚至说在投资上，都觉得自己是独一无二的，都觉得自己能成功，因此当你在股市带着这么个想法，肯定不愿意在投资上承认自己的失败。

因此，大部分的投资者更愿意卖出自己赢利的股票，证明自己的决策是正确的，而更愿意持有亏损的股票，不愿意面对自己的失败。

同时，多数人在亏损的时候，会极不甘心，进而产生反射效应：会选择宁愿承受更大的风险来赌一把，也就是说，如果你的账户处于一定的亏损范围，那么你就会变成一个风险投资者，会更加激进，并且会继续持有自己亏损的股票，而且，持有亏损股票的时间会远远大于获利股票的时间。

还有就是，大多数的投资者的行为大多数时间都是非理性的，也并不总是注意风险规避。从买卖股票的心理原则上来说，每个股在长周期的发展下，都有一个符合其实际估值的股价，但是，对于大部分的股民甚至说很多研究基本上的朋友都无法预测一个股票在一个时间段内正确的估值，反而会以一个密集成交处或者说震荡平台区间为其合理的估值范围。因为股价肯定是会回到一个合理的估值的，所以如果股价出现了上涨，那么大家就会选择卖出股票，赚取收益，入袋为安。而一旦股价出现了下跌，相反持有者更相信是能涨回来的，只是需要时间，理所当然继续持有这股票。

这就是说当股民处于赢利状态时，股民满脑子都是"见好就收""规避风险"；当股民被套时，股民就整天大谈"价值投资""长线是金"。如前文提到的损失厌恶，投资者由于亏损导致的感觉上的不快乐程度大于相同数量的赢利所带来的快乐程度，也就是说赚了钱虽然高兴，但亏钱却更刻骨铭心，丢失的100元永远大于捡到的100元，所以除非觉得要血本无归了，否则是不愿斩仓的。因为赢利股票呈现给投资者的是赢利前景，投资者此时倾向于接受确定性结果，未来虽然可能会赚更多，但好的不如现的，所以愿意落袋为安。而亏损股票呈现给投资者的是损失前景，投资者此时倾向于冒险，又觉得只要自己没割肉，就等于没赔，浮亏不是真亏。于是投资者持有已套牢股票更长时间，持有已获利股票较短时间。

处置效应反映了投资者回避实现损失的倾向，这种倾向削弱了投资者对投资风险和股票未来收益状况的客观判断，非理性地长期持有一些失去基本因素的股票。

魔鬼金融学

3. 中国股市中的处置效应

在A股市场中，处置效应同样存在，或者说情况更严重：中国的投资者更加倾向于卖出赢利股票，继续持有亏损股票，而且这种倾向远超过国外投资者。

一般来说，处置效应在个人投资者身上体现得更为明显。甚至有研究发现，由于机构投资者的"持亏卖赢"现象并不明显，因此是否具有处置效应成为区分机构投资者和个人投资者的重要依据之一。这种说法应该比较符合实际情况，我们看到处置效应很少发生在机构投资者身上。当然，机构投资者也有长期被套的时候，但多半会采取对冲等措施避险，而赢利的股票则会持有很长时间（获得较大利润）。之所以机构投资者能够较为有效地规避处置效应，原因是他们更富有纪律性——有操作计划、赢利点和止损点。另一方面则可能是弱势变优势的有趣事件——机构投资者资金较多，不好随便平仓，所以赢利后持有的时间天生就比散户长。

但对于大多数自己炒股的散户投资者来说，处置效应则是必须注意规避的心理误区。处置效应对于个人投资者而言，首先是损害个人财富。其次，处置效应进一步加大了市场波动：当市场转折点来临时，大部分个人投资者在处置效应作用下，都急于将前期的获利了结，落袋为安，但是强大的卖压往往会使一次小规模调整演化成暴跌；而在牛末熊初，很多没有来得及卖出的投资者也被处置效应影响着，他们手中已经亏损的股票迟迟不舍得抛售，接着就是越套越深，"割肉"也变得愈发艰难，这种情况也让市场更加清淡，使得熊市的惯性持续。这是一个恶性循环的过程，当我们回顾26年中国股市发展史，这种情况比比皆是。

那么，对于散户投资者来说，有没有什么好办法可以规避处置效应呢？很多时候心理上的东西是很难调整的，但是通过以下几个步骤可以减少处置效应的负面影响。

第一，止损、止损，还是止损。止损的重要性无论如何强调都不过分，因为我们都无法永远正确预测股票走势，但是却可以控制损失。投资者必须在买入一只股票之前，就应该设置止损位和止损规则，而不是在亏损实际发生了以后，才去想要不要止损。

第二，控制情绪，学会自律。在网上各种版本的"炒股心态秘籍"中，你都能找到自律这一条。身处股市中，我们总会被各种各样的情绪困扰：比如说贪婪——赢利以后总是梦想卖在最高点，买在最低点；比如说犹豫——股票已下跌了，自我安慰还能弹回来，缺乏割肉止损的勇气；比如恐惧——跌也恐惧，不知何处是尽头；涨也恐惧，生怕卖了再涨一分钱。事实上市场上那些赚钱的交易者都是自律地进行交易，他们学着严守纪律，不被这些情绪困扰。

　　最后，就是构建适合自己的交易系统（这也是很多投资大师一直在强调的）。交易系统通俗地说就是系统化了的交易规则。这个规则包括：买入点如何确定，相应设置买入规则；发生亏损时如何将损失和时间成本降到最低，相应设置止损法则；赢利多少退出，如何止赢；最后，仓位是控制风险的重要因素。在这样一个系统化的交易规则下，投资者"持亏卖赢"的处置效应，也就能够被克服了。

4. 永不忘记的华尔街家训

知道为什么股市中大多数人都在赔钱吗？因为大家都在做着夏皮诺试验中多数派的选择，而事实上，股市中投资的赢利法则恰恰与大多数人对夏皮诺实验的选择相反——要想在股市中赢利，就得在赚钱时赚够，亏钱时少亏。或者我们借用一句华尔街家训——"截短亏损，让利润奔跑"（Cut loss short,let profit run）。也就是说，当你发现股票情况不对，就应该斟酌情况及时止损，让亏损不要太大；一旦有了利润，就要吃到"鱼身肉"，从小利润跑成大利润。

炒股其实也是一种概率游戏，既然是概率游戏，那么就没有百分百这回事，只有胜率的高低不同而已。根据对顶尖趋势交易员连续10年的交易统计，结果表明并不存在胜率超过50％的趋势交易系统。很多人在这个问题上走进了思维的死胡同，他们并不明白在胜率不超过50％的情况下，追求胜率并不重要，重要的是如何在出错时把亏损控制在小幅内，赢利时却可以赚更多。而处置效应则使投资者过早将好股票卖出，长期持有亏损的坏股票。

认清这一点，你才算是从夏皮诺实验的结论中有所得。但是我们也必须指出，做到这一点也不是什么容易的事儿，因为夏皮诺实验的结果几乎是在揭示人性的弱点，是我们每个人都有的天性上的弱点，难度可想而知。

在这里我们有个建议，在进行交易之前问一下自己：到底是什么原因促使你做出了目前的决策，你的卖出究竟是基于对后续市场的理性判断，还是对失去既得收益的恐惧？面对亏损的股票，当你紧抱着不放指望它反弹时，问问自己在当前的市场环境下这个愿望究竟是否现实？

投资大师巴菲特指出以合理的价格买入股票，同时也提出要慎重卖出股票，特别是当自己的股票上涨，看到有很多利好的情况下，千万不要被眼前的利益诱惑，为了短暂的收益而卖掉长期来看，能给自己带来很大收益的股票。因为，此时股票的价格虽有上涨，但很可能与其内在价值相比仍然是偏低的。同样，如果该股票因为遭受金融危机或自身一些意外事故，而导致股票下跌，持股人也不要急着卖掉自己的股票，因为，从长远看，该公司还有发展潜力，价格低于价值，未来其股票价值一定有很大上升空间，所以，应该继续持有。

1919年时，可口可乐公司股票每股价格就已经高达40美元，这个价格已经非常高了，从1938年以来，可口可乐发展了50年后，它早已经成了美国代表品牌后，每年都有许多投资大鳄敬佩可口可乐公司长期生命力，但是，同时也下出自己发现得太晚了的结论，以为可口可乐的发展已经达到了顶峰，所以，不敢继续投资该股票，同时也有些人卖掉了自己的股票，然而，可口可乐还在继续以蓬勃的生命力向前发展，也许其今天的股票价格，对于未来来说，又使是很便宜。

所以，投资者应该着眼于未来，预计未来其价值增长空间，而不是对过去已经无法扑捉到的利益哀婉叹息。

回顾2007年岁末A股的6124点珠峰，人们可以简单地指斥泡沫的危害，70倍市盈率的高估值无论如何都无法站稳珠峰的，似乎在高位继续追涨或者持有股票的投资者都已经疯狂，但事实上，很多投资者都是过早地卖出了股票，随后又在牛市赚钱效应的诱惑声中再度入市，如此反复数次就类似童年丢手帕的戏，曾经买到便宜股票的投资者，最后又接到了高价股票的手帕。

所以，在一只股票价格上涨之后继续坚决持有，常常要比股价下跌之后继续坚决持有困难得多。如果自己感觉被假象愚弄而有出局的危险，那么，我们可以重新审视一下自己最初购买这只股票的理由，看看现在和过去相比，情况有什么不同。然后再决定是否卖出股票。

可见，对于那些没敢购买股票和过早卖出该股票的投资者来说，都是很遗憾的。只要这只股票是好股票，不管外面的社会发生什么样的变化，都应该慎重考虑买入或卖出。要看到其内在的价值，看其是否能够升值，然后跟其价格比较，这样即便有的价格很贵，也值得购买；有些价格升得很高，也不应该急于抛售。

最后，关于如何避免过早卖出股票，我们还有两点建议：首先是在股票上涨过程中不要轻易执行反向操作，只要趋势不变，你应该做的是向上加码；其次，要设置止盈点，控制好决策成本。